„Liebe und tue, was du willst"

Anne Arnold

Liebe und tue, was du willst

Eine historische Biografie der Begine Marguerite Porete

Bibliografische Information der Deutschen Bibliothek:
Die Deutsche Bibliothek verzeichnet diese Publikation in der Deutschen
Nationalbibliografie; detaillierte Informationen sind im Internet über
<http://dnb.ddb.de> abrufbar.

Umschlagfotos: Beginenhof in Brügge von Frank Weber
Herstellung und Verlag: Books on Demand GmbH, Norderstedt
ISBN 3-8334-3425-2

Inhalt

Vorwort	7
Kapitel 1: Paris – ein modernes Babylon?	8
Kapitel 2: Vernunft oder Glaube?	25
Kapitel 3: Beginenspiritualität	44
Kapitel 4: Macht und Magie	58
Kapitel 5: Die befreite Seele	72
Kapitel 6: Die sieben Seinsweisen	87
Kapitel 7: Der Brief	97
Kapitel 8: Ehre und Schmach	103
Kapitel 9: Angst und Verfolgung	114
Kapitel 10: Die Apokalypse	126
Kapitel 11: Die Verhaftung der Templer	136
Kapitel 12: In Kerkerhaft	147
Kapitel 13: Das Urteil	153
Kapitel 14: Die Hinrichtung	166
Kapitel 15: Der göttliche Funke	168
Nachwort	173
Eine Auswahl weiterführender Literatur:	180

Vorwort

Wer war Marguerite Porete?

Eine Vagabundin ohne festen Wohnsitz, die bettelnd durch die Lande zog? Eine freigeistige Streiterin für Frauenrechte und Libertinismus? Eine fromme Aristokratin, die auf die Privilegien ihres Standes verzichtete und freiwillig in Armut lebte? Eine starrsinnige Einzelgängerin, die mit der Kirche in Konflikt geriet, weil sie unbeugsam an ihrer ketzerischen Irrlehre festhielt?

All dies sind Legenden. Keine Epoche eignet sich besser als das Mittelalter zur farbenprächtigen Ausgestaltung eigener Mutmaßungen, insbesondere dann, wenn das Quellenmaterial der offiziellen Geschichtsschreibung spärlich vorhanden und äußerst umstritten ist wie im Falle der authentischen „Ketzerdokumente" des dreizehnten und vierzehnten Jahrhunderts.

Diese historische Biographie zeichnet das Porträt einer außergewöhnlichen Frau, die als Autorin eines zeitgenössischen „Bestsellers" von der Inquisition verfolgt und nach langer Haft im Jahre 1310 in Paris als „Ketzerin" verbrannt wurde.

Auf der Grundlage historischer Recherchen und der von ihr verfassten Schrift, die als eines der wenigen Dokumente häretischer Literatur bis heute erhalten blieb, rekonstruieren sich die erschütternden Lebensetappen und das selbstbewusste Denken und Handeln einer mutigen Begine.

Kapitel 1: Paris – ein modernes Babylon?

In den glitzernden Wellen der Seine spiegelt sich rosig das Licht der untergehenden Sonne. Um diese Zeit herrscht in den Gassen von Paris ein verwirrendes, ohrenbetäubendes Getümmel und hektische Betriebsamkeit.

Die Fischer am Ufer des Flusses preisen lautstark den Fang des Tages und stellen sich den Passanten gestikulierend in den Weg, um sie von der Güte ihrer Ware zu überzeugen.

Hungrige Hunde und Schweine durchwühlen den stinkenden Abfall, der sich an den Rändern der Gassen angesammelt hat. Zu allem Überfluss dringt aus dem Gerberviertel, wo die hölzernen Läden zu Tischen heruntergeklappt sind, ein beißender, durchdringender Geruch, der den Atem stocken lässt. Angewidert halten sich viele Pariser kleine Beutel vor die Nase, die mit frischer Myrrhe, duftendem Weihrauch und Bergamotte gefüllt sind. Sie durchqueren das Viertel schnellen Schrittes, ohne vor den Verkaufsständen länger als notwendig zu verweilen. Belebt wie die Gassen der Stadt ist auch der Fluss, die Hauptverkehrsader der Stadt, denn die Seine ist zur wichtigsten Verbindungslinie des Handels geworden.

Die Schiffer springen von den großen Transportkähnen und beeilen sich, am Grand Pont ihren Zoll zu entrichten und ihre Ware zu entladen. Sie schleppen riesige Bündel frischer Kräuter und Kästen exotischer Gewürze, die in die Laboratorien der zahlreichen Apotheken wandern, die am Seineufer liegen.

Die beiden Spaziergänger, die langsamen Schrittes durch das Getümmel wandern, bilden ein merkwürdiges Paar. Der Größere, dessen dichter Haarschopf im Schein der untergehenden Sonne feuerrot entflammt, überragt die meisten Passanten. Er ist offensichtlich ortskundig und steuert zielsicher durch das enge Gewirr der Gassen, doch bleibt er von Zeit zu Zeit stehen, um sich nach seinem Begleiter umzuwenden, der die ungewöhnlichen Szenerien im abendlichen Paris mit ungläubigem Staunen und offenem Mund betrachtet und darüber zuweilen das Weitergehen vergisst.

Am teuren Tuch seiner Kleidung und an der Unbeholfenheit seiner Gestik erkennt man in dem Kleineren unschwer den wohlhabenden Provinzler, der sich zum ersten Mal dem verwirrenden Treiben in der größten, westlichen Stadt gegenübersieht. Er ist klein, aber stabil und kräftig gebaut und in seinem kantigen, willensstarken Gesicht malen sich Verblüffung und eine merkwürdige Mischung aus Verunsicherung und herablassender Arroganz. Er trägt krampfhaft eine weltmännische Pose zu Schau, die offensichtlich während dieses Stadtrundgangs auf eine harte Probe gestellt wird.

Die beiden etwa Zwanzigjährigen nähern sich nun dem Vorplatz der Kathedrale Notre – Dame.

Von weitem schon hört man den Lärm der Zimmerleute, Schmiede, Glasmaler und Bildhauer, die bis zum Einbruch der Dunkelheit an dem gigantischen Bauwerk ihre Arbeiten verrichten.

Wie angewurzelt verharrt der Kleinere vor den drei riesigen Portalen und starrt verblüfft auf die in Stein gehauenen Gestalten, denen der abendliche Schein der Sonne plötzlich Leben einhaucht. Die ausdrucksvollen Gesichter scheinen den Blick starr auf seine gedrungene Gestalt zu richten, während eine andere lebensgroße Figur in einer stummen Predigt die Hände zum rotblau gefärbten Himmel erhebt.

Über dem mittleren Portal thront Jesus als Richter im letzten Gericht. Abscheuliche Dämonen zerren die Missetäter in die Hölle; Engel geleiten die Gerechten in die himmlischen Gefilde.

Nun wendet sich der Neuankömmling erschaudernd dem rechten Portal zu, das Szenen aus dem Leben der Jungfrau Maria und ihrer Eltern zeigt, und hebt dann – noch immer vor Bewunderung sprachlos – den Kopf und blickt auf die 28 Statuen, die sich majestätisch über den kunstvoll gearbeiteten Toren erheben: Die Könige von Juda und Israel!

Darüber strahlt wie ein riesiger, gefallener Stern die Rosette in den herrlichsten Farben!

Überwältigt steht der jugendliche Provinzler vor dem riesigen Bauwerk. Auch der Größere der beiden Spaziergänger steht wartend vor dem Hauptportal und betrachtet distanziert das hektische Treiben der Handwerksleute und der Passanten.

Er hat ein fein geschnittenes, sensibles Gesicht, eingerahmt von einer wirren Lockenmähne. Sein Augen blicken melancholisch und leicht verträumt, als er nun zu erklären beginnt, dass auch die Pariser Stadtgeschichte in Stein verewigt ist.

Er zeigt auf die Darstellung des heiligen Marcel, der im fünften Jahrhundert die Stadt von einem gefährlichen Drachen erlöste und der seinen Bischofsstab in den grässlichen Rachen eines steinernen Monsters stößt und auf Bischof Maurice de Sully, der im Jahre 1183 das Bauvorhaben von Notre – Dame begann. Er betet am Annenportal zur heiligen Jungfrau und neben ihm kniet andächtig Ludwig VII.

Inzwischen hat auch der stumme Betrachter seine Sprache wiedergefunden und erklärt mit weit ausholenden Geste und einer lauten Stimme, in der pathetischer Stolz und verhaltene Rührung mitschwingen:

„In unserer Epoche sind Menschen in der Lage, Bauwerke dieser Art zu errichten, die wie ein Fingerzeig zum Himmel ragen! Ist diese Architektur nicht der höchste Ausdruck menschlicher Fähigkeiten?

Wir entdecken die logischen Zusammenhänge der Natur als Grundlage von Gottes Schöpfung. Wir erforschen den göttlichen Plan und schaffen selbst unsterbliche Werke. Das Werk dieser Baumeister, dieser Bildhauer, dieser Handwerker zeigt anschaulich den unaufhaltsamen Triumph menschlicher Vernunft."

Nun gelingt es ihm nicht mehr, seinen Redefluss zu stoppen - die innere Begeisterung bricht durch. Zweifellos beherrscht dieser junge Mann die rhetorischen Künste und ist es gewohnt, seine Gedanken in wohlklingende Lehrsätze zu kleiden. Er wirft sich in die Brust und verkündet prahlerisch:

„Die Vernunft hat die empirische Wissenschaft hervorgebracht und mit diesem Instrument enthüllen wir den Bauplan Gottes. Die logische, vernunftgemäße Erklärung wird alle Geheimnisse entschlüsseln und eines Tages das althergebrachte Weltbild besiegen."

Er scheint nicht zu bemerken, dass ihn sein Begleiter entgeistert anstarrt und unterbricht seine begeisterte Rede erst, als dieser mit funkelnden Augen warnt:

„Es ist hier in Paris nicht ungefährlich, solche Ideen laut zu äußern, Justin!

Die Ereignisse des Jahres 1277 an der Pariser Universität wirken auch heute noch nach!"

„Ich muss zugeben, dass ich kaum weiß, was damals geschehen ist," gesteht der andere mit unbekümmerter Offenheit, ohne die Lautstärke seiner Rede zu dämpfen. Er betrachtet den Lockenkopf mit gönnerhafter Herablassung:

„Nachrichten aus Paris gelangen selten bis in die Provinz. Ich bin aber gewarnt worden, hierher zu kommen, denn in diesem modernen Babylon sollen Kriminalität und Sittenverfall bedrohliche Ausmaße angenommen haben."

Jetzt lacht er ironisch auf und setzt dann mit unbekümmerter Heiterkeit hinzu:

„Viele Geistliche in der Provinz lehnen die Großstadt rundweg ab, denn sie gilt im allgemeinen als Lasterhöhle des Teufels. Sie berufen sich auf Bernard von Clairvaux, der den Rat gab, dem Kreise Babylons zu entfliehen und in der Natur von den Hölzern und Steinen zu lernen.

Ich wurde zum Glück von einem Hauslehrer unterrichtet, einem überzeugten Anhänger des vernunftorientierten Denkens. Er behauptete, man könne die Wahrheiten des Christentums, die bislang im Vertrauen auf die Autorität der Kirche nur geglaubt wurden, in der modernen Zeit auch vernunftgemäß beweisen. Den ersten Schritt in diese Richtung hat schon Anselm von Canterbury im elften Jahrhundert getan. Die klare Argumentation unseres guten Johannes überzeugte mich. Ich kann also bei aller Bescheidenheit behaupten, dass ich eine hervorragende Erziehung genossen habe.

Nun – warum sollte das, was ich sage, in Paris plötzlich gefährlich sein?"

Er wirft seinem Gesprächspartner einen herausfordernden und kampfeslustigen Blick zu. Dieser betrachtet skeptisch Justins aufmüpfiges, trotziges Gesicht: Die buschigen Augenbrauen überschatten die breiten, kantigen Züge, die den willensstarken, zur Rechthaberei neigenden Charakter erkennen lassen. Die Lippen sind zu einem spöttischen, herablassenden Grinsen verzogen, die breite Stirn ist in Falten gelegt. Die beiden jungen Männer scheinen für eine Weile dem dröhnenden Lärmen der Arbeiter nachzulauschen, die ein Jahrhundertwerk vollbringen, den Bau der Pariser Kathedrale.

Der junge, mit einem ausgeprägten Selbstbewusstsein und - erheblichen Geldmitteln – ausgestattete Kaufmannssohn weiß genau, was er will. Er hat sein Elternhaus in der nordfranzösischen Stadt Valenciennes verlassen, um in Paris das Studium der Freien Künste anzutreten und um nach dem Trivium und dem Quadrivium Medizin zu studieren. Offensichtlich ist er – genau wie sein Vater – ein begeisterter Anhänger der modernen Erfahrungswissenschaften, die sich auf Vernunft und Experiment gründen.

Herr Porete, ein angesehener Patrizier, ist zu beträchtlichem Reichtum gekommen und kann dem Sohn eine sorgenfreie Studienzeit ermöglichen. Justin hat es nicht nötig, wie andere mittellose Studenten ein Bett im Schlafsaal des Hospizes anzunehmen, verfügt er doch über eine relativ bescheidene, aber ausreichende Grundausstattung, die ihm die Familie großzügig zur Verfügung stellt.

Sein Geburtsort Valenciennes ist eine blühenden Handelsstadt und wie viele andere Kaufmannsunternehmen profitiert die Familie Porete von der Nachfrage nach den begehrten Stoffen aus Flandern, die nach Genua exportiert und von dort aus von italienischen Händlern weiterverkauft werden. Auch die umliegenden Städte konnten in den Fernhandel einsteigen und ihre Produktion stetig erweitern.

Die vermögenden Stadtbürger haben sich politisch eine einflussreiche Stellung und etliche Freiheiten erkämpft. Sie genießen weitreichende Privilegien und diese herausragende Position stärkt Reputation und Selbstbewusstsein des Patriziats außerordentlich.

Auch hier in Paris wird sich der begabte Sprössling einer angesehenen Familie nicht den Mund verbieten lassen!

Lucien betrachtet sein Gegenüber nachdenklich, dann zieht ein nachsichtiges Lächeln über das schmale, hagere Gesicht. Empfindet er Sympathie für den provinziellen Draufgänger? Will er es nicht mit ihm verderben? Seine Züge verraten keine Gefühlsregung, als er vorschlägt, in den Garten an der Südseite der Kathedrale zu gehen, da er dort einen ruhigen Platz kenne, an dem man ungestört plaudern könne. Dort werde er dem Neuankömmling von den Auseinandersetzungen an der Pariser Universität berichten.

Justin, des anstrengenden Rundgangs allmählich überdrüssig, trottet widerstrebend der hoch aufgeschossenen Gestalt hinterher, die nun mit weit ausholenden Schritten voranschreitet. Wer ist dieser Lucien? Er kennt den Studenten der Theologie, mit dem er ein Zimmer teilt, erst seit einigen Tagen und begegnet ihm noch mit kühler Reserve.

Eindringlich mahnte ihn der Vater vor seiner Abreise den Kontakt mit Leuten zu meiden, die in den Pariser Tavernen allabendlich ihre Trinkfestigkeit erproben, anstatt ihren Studien nachzukommen.

Chaotische Gruppierungen dieser Art gab es an der Universität schon vor hundert Jahren: Sie nannten sich damals Goliarden, verunsicherten das gesamte Universitätsleben und traten Recht und Sitte mit Füßen. Und auch heute soll es in den großen Städten noch Studenten geben, die das Studium als eintönige Nebenbeschäftigung betrachten und sich stattdessen verwerflichen Ausschweifungen hingeben!

Wer ist dieser hochgewachsene Kerl, mit dem er kaum Schritt halten kann?

Ist er vertrauenswürdig? Geht er ordentlichen Studien nach? Hat er Prüfungen absolviert?

Dieser Student der Theologie wirkt auf Justin lebensuntüchtig und verträumt, wenn er stundenlang auf seiner Flöte spielt oder gar untätig seinen Gedanken nachhängt.

Mein Vater wird keine Verschwendung von Geld oder Zeit dulden! Ich kann es mir als Sohn einer angesehenen Familie nicht erlauben, in schlechte Gesellschaft zu geraten, denkt Justin und zieht die breite Stirn in Falten, wie es seiner Gewohnheit entspricht, wenn er sich mit unerwarteten Widrigkeiten konfrontiert sieht.

Seit seiner Ankunft in der großen Stadt wird er von nagenden Zweifeln und misstrauischen Gedanken dieser Art gequält, die ihn in eine Stimmungslage versetzen, die ihn unzugänglich und schroff auf andere wirken lässt. Die leutselige Offenheit, die der Bürgersohn zu Hause an den Tag legte, ist einer fast beleidigenden Distanz gewichen.

In der neuen, feindlichen Umgebung baut Justin Schutzmauern, hinter denen er sich verschanzt. Eifersüchtig bewacht er die enge Pforte, die in sein Revier führt und fordert von unbekannten Eindringlingen den ihm gebührenden Zoll.

Das ungleiche Paar durchquert jetzt den Garten, wo Obdachlose, Sieche, Arme und Hilfsbedürftige auf die wohltätigen Mönche warten. Einige haben Strohmatten mitgebracht, denn sie lagern auch nachts hier im Umkreis der Kathedrale.

Und hier wartet der nächste Schock auf den verwöhnten, ehrgeizigen Jüngling aus Valenciennes. Noch nie in seinem Leben hat Justin soviel Armut, Gebrechlichkeit und Elend gesehen! Diesem grausigen Anblick war er zu Hause nie ausgesetzt. Wie alle vermögenden Stadtbürger lebte er bislang in der festen Überzeugung, dass außergewöhnliche Notlagen selten auftreten und vom Gemeinwesen aufgefangen werden. Gibt es nicht Hospitäler und Hilfseinrichtungen? Gibt es nicht die großmütigen Spenden der reichen Patrizier?

Auf diesem Platz sieht er sich den schrecklichsten Gebrechen und Krankheiten gegenüber, so dass es ihm schwer fällt, ungerührt vorbeizugehen. Einige der Notleidenden scheinen seine tiefe Verunsicherung und Angst zu fühlen. Sie stellen sich ihm in den Weg, zeigen mitleidheischend ihre Gebrechen und Wunden und berühren grinsend mit ihren Armstümpfen und Krücken sein teures Gewand.

Schnell befreit Lucien den verängstigten Studienanfänger aus der Umkreisung der elenden Gestalten und zieht ihn fort. Resolut bahnt er sich einen Weg hin zu dem Labyrinth aus Buchsbaum, wo die Hecken ausreichend Schutz bieten.

Er sucht sich einen bequemen Platz und gönnt seinen langen Beinen einige Dehnungsübungen, bevor er sich mit einem erleichterten Seufzen in einer Ecke niederlässt. Beruhigend klopft er dem immer noch bleichen, zitternden Weggefährten auf die Schulter und versucht, ihn abzulenken:

„Ich verstehe deine Empfindungen gut. Auch mich ergreift das Mitleid, wenn ich mich diesem Garten nähere."

Er denkt kurz nach, scheint sich an Justins medizinische Interessen zu erinnern und erklärt ihm dann wortreich und mitteilsam:

„Erst kürzlich hat ein Arzt die Dynamik des Mitgefühls im Körper entdeckt und dieses Experiment wird bahnbrechende Folgen für die Medizin haben. Du willst nach dem Studium der Freien Künste die medizinische Richtung einschlagen, nicht wahr?

Also – höre gut zu:

Nach einer Operation beobachtete der Arzt Henri de Mondeville einen physischen Reflex: Die nicht betroffenen Organe bemitleideten offensichtlich den verwundeten Körperteil und sandten ihre Heilkräfte und ihre Wärme aus, um zur Heilung beizutragen. Dieselben Reaktionen zeigt ein Mensch, der bei einer Operation zusieht. Sein Herz beginnt zu schmerzen und er empfindet spontan Mitleid."

Nachdenklich nagt er an einem Grashalm.

„Eine Empfindung wie Mitleid basiert also auf einem Prozess, den man physisch beobachten kann. Diesen Beweis hat der Arzt mit seinem Experiment erbracht. Demzufolge sind unsere Emotionen physisch verankert und Mitleid und Nächstenliebe sind nicht nur göttliches Gebot oder ethisches Postulat.

Warum erzähle ich dir das alles, lieber Justin?"

Er lächelt und bemerkt zufrieden, dass das Gesicht seines Zimmergenossen allmählich an Farbe gewinnt. Der Kleine kommt wieder zu Kräften und hört ihm interessiert zu! Lucien hat zweifellos das richtige Thema gewählt! Also weiter so!

„Nun – es ist faszinierend zu beobachten, dass die empirische Wissenschaft fortschreitend das Zusammenspiel von Körper und Geist zu erklären vermag. Deshalb stimme ich im Prinzip mit dem überein, was du im Überschwang der Gefühle vor der Kathedrale geäußert hast.

Wir wissen seit Galen, dass zwischen Körpersäften, Körperwärme und Temperament ein direkter Zusammenhang besteht. Sanguinisches, phlegmatisches, cholerisches und melancholisches Temperament entstehen aus dem Zusammenspiel von Körperwärme und Säften. Unser Gemüt ist eindeutig von physischen Prozessen dieser Art abhängig!

Wenn wir diesen Gedanken weiterführen und außerdem bedenken, dass die genannten Temperamente unsere Gesellschaft prägen, dann ist der Zusammenhang zwischen den körperlichen Vorgängen und den unterschiedlichen Aufgaben gesellschaftlicher Gruppen leicht hergestellt.

Sind Mönche Menschen, die Gott mit einem melancholischen Temperament ausgestattet hat? Sind Krieger, Ritter oder Könige dagegen mit einem cholerischen Temperament ausgerüstet?

Noch kennen wir diese Zusammenhänge nicht. Aber bald wird die empirische Forschung in der Lage sein, uns viele Geheimnisse zu erklären! Auch in diesem Punkt gebe ich dir Recht."

Lucien nimmt während seiner Ausführungen mit übertriebener Komik die Körperhaltungen des demütig – gebeugten Mönchs, des stolz vom Pferd herabblickenden Kriegers und des majestätischen Königs an.

„Doch leider stößt diese fortschrittliche Haltung auf scheinbar unüberwindliche Barrieren: Die Kirche weist die moderne Wissenschaft zurück und wirft ihr vor, sich in gotteslästerlicher Weise in den ewigen Plan einzumischen.

Und damit sind wir wieder bei den Konflikten an der Universität von Paris!"

Lucien spuckt den Grashalm in die Buchsbaumhecke und betrachtet mit leichter Ironie den gespannt lauschenden Justin, den er mit dieser scharfsinnigen Rede sichtlich beeindruckte. Dann fährt er in sachlichem Ton fort:

„Jahrelang schwelten schon die Auseinandersetzungen zwischen den weltlichen Magistern einerseits und den Franziskanern und Dominikanern andererseits, als es im Jahre 1277 endlich zum Eklat kam:

Bischof Tempier von Paris sammelte 219 Thesen, die angeblich an der Universität gelehrt wurden und verbot ihre Weiterverbreitung.

Es war der Papst selbst, der eine Untersuchung der Lehrsituation angeordnet hatte. Daraufhin begann der Bischof mit der Zusammenstellung der berüchtigten Thesen."

„Wurden tatsächlich ketzerische Lehren an der Universität verbreitet?", fragt Justin erbleichend und sieht Lucien besorgt an.

Wieder lächelt der andere und betrachtet den beflissenen Studienanfänger mit ironischer Distanz. Dann fährt er in seiner Rede fort, ohne direkt auf Justins Frage einzugehen:

„Von dem Verbot des Bischofs war die Artistenfakultät besonders betroffen. Hier lehrten die beiden Magister Siger von Brabant und Boethius von Dacien.

Sie betrachteten die Vernunft als das Göttliche im Menschen. Ihr Idealbild war der Philosoph, der in seiner Lebensführung Qualitäten wie Großmut, Gerechtigkeitssinn und Tugend entfaltet. Sie hielten es für erforderlich, dass sich die Philosophie frei und ohne Bevormundung durch die Theologie entwickelt.

Bischof Tempier aber befürchtete, die Philosophie werde sich verselbständigen, in Gegensatz zur Theologie treten und den christlichen Glauben erschüttern. Er befürchtete, dass die Philosophen auf ihrem Wahrheitsanspruch beharren und auf diesem Wege den christlichen Glauben und die oberste Autorität der Kirche untergraben und in Frage stellen. Er sammelte Sätze, die angeblich von Lehrstuhlinhabern verkündet wurden und darunter waren Aussagen wie:

„Die Philosophen sind die einzigen Weisen dieser Welt.

Die Theologie ist auf Fabeln gegründet.

Es existiert kein besserer Zustand, als sich der Philosophie hinzugeben.“

Lucien macht eine wirkungsvolle Pause. Der Lärm hat inzwischen nachgelassen und die Dämmerung ist hereingebrochen.

Justin kann kaum seine Beklommenheit verhehlen, als er nun die Frage stellt, die ihn innerlich bewegt:

„Werde ich Siger von Brabant und Boethius von Dacien an der Fakultät der Freien Künste kennen lernen?“

Lucien bedenkt ihn mit einem erstaunten, fast verächtlichen Blick. Mein Gott, dieser naive Knabe vom Lande hat wirklich keine Ahnung! Hat ihn sein Hauslehrer stets mit Samthandschuhen angefasst? Hat er ihn wie ein unschuldiges Kind ferngehalten von dieser Welt und ihren Konflikten? Lag die Provinz hinter den Weltmeeren?

Dann holt er tief Luft und antwortet trocken:

„Nein. Die Vertreter dieser Denkrichtung sind untergetaucht. Siger ist auf mysteriöse Weise verschwunden. Das Gerücht geht um, er sei in Italien ermordet worden.

An der Universität ist ein Klima der Bespitzelung entstanden, so dass niemand es wagt, offen über diese Vorgänge zu sprechen. Deshalb habe ich dich vor der Kathedrale gewarnt, dich in der Öffentlichkeit als Anhänger der Vernunft zu erkennen zu geben.

Die verfolgten oder ermordeten Magister können sich nicht mehr verteidigen! Man unterstellt ihnen eine Frontstellung gegen die Theologie, die sie niemals vertraten .Sie haben niemals gelehrt, dass die Philosophie die Theologie in Frage stellt oder die Autorität der Kirche untergräbt. Sie forderten lediglich die freie, ungehinderte Entfaltung der Philosophie!

Die vakanten Lehrstühle wurden von den Vertretern der Bettelorden besetzt, obgleich diese Form der Besetzung schon in den sechziger Jahren ein Stein des Anstoßes war. In der Regel verfügen die Franziskaner und Dominikaner nämlich nicht über dieselben Qualifikationen, die von einem weltlichen Magister mit Selbstverständlichkeit eingefordert werden. Und sie übernehmen mit Eifer das Amt des Inquisitors!"

Darauf folgt ein lang andauerndes, beklommenes Schweigen.

Justin versucht, diese Informationen zu verdauen und erschrickt zu Tode, als Lucien plötzlich aufspringt und mit optimistischer Stimme verkündet:

„Ich persönlich bin der festen Überzeugung, dass die Kirche einst den widersinnigen Gegensatz zwischen Vernunft und Glauben als Scheingefecht durchschauen wird. Schon jetzt gibt es einige Kirchenvertreter, die beides auf fruchtbarste Weise integrieren.

Zum Beispiel Albertus Magnus, der hier in Paris lehrte, bevor er nach Köln ging. Er soll gesagt haben: „Es gibt etliche Ignoranten, die wie einfältige Tiere gegen das wettern, was sie nicht kennen und die um jeden Preis den Gebrauch der Vernunft zu verhindern suchen."

Von ihm wird eine interessante Anekdote erzählt:

Albertus betrieb in seinem Wintergarten botanische Studien. Natürlich hielten es naive Gemüter für Zauberei, wenn dort im Winter die Pflanzen blühten und beschuldigten ihn, über magische Kräfte zu verfügen. Spötter nannten ihn deshalb nicht mehr Albertus Magnus, sondern Albertus Magus, Albert, der Magier.

Albert hielt es für gefährlich, das vernunftorientierte Denken zu bekämpfen und auch sein Schüler, Thomas von Aquin, versuchte, die Linie des Lehrers weiterzuführen. Diese theologische Richtung wird sich eines Tages durchsetzen, davon bin ich überzeugt! Aber noch ist es nicht soweit und ich rate dir, etwas vorsichtiger zu sein!

Du siehst, mein lieber Justin, die Stadt Paris ist eine Hochburg der Theologie, von der neue Impulse ausgehen. Auch ich studiere dieses Fach und sehe als Pariser Absolvent einer glänzenden Karriere entgegen!"

Dabei nimmt Lucien die würdevolle Haltung einer respektablen Persönlichkeit ein und senkt huldvoll das Haupt.

Die Imitation gelingt so täuschend echt, dass Justin von einem Lachanfall geschüttelt wird und mühsam nach Luft ringt. Die lähmende Angst, die ihn nach der Erzählung Luciens ergriffen hat, löst sich schlagartig auf und Justin nutzt nun die Gelegenheit, sich die anerkennenden Worte abzuringen:

„Ich danke dir für diese Einführung und ernenne dich zu meinem ersten Privatlehrer!"

Noch immer in der Pose des angesehenen Magisters flötet der Theologiestudent hierauf herablassend:

„Danke, junger Freund!"

Doch in Sekundenschnelle kommt wieder der alte Lucien zum Vorschein, der besorgt die dunklen Wolken , die sich über der Kathedrale zusammenballen, beobachtet und mit leiser Stimme mahnt: „Komm, es empfiehlt sich, den Rückweg vor Einbruch der Dunkelheit anzutreten, denn nachts kann Paris tatsächlich zu dem geschmähten Babylon werden, besonders dann, wenn man ohne Laterne unterwegs ist."

Und nach kurzem Zögern setzt er beiläufig hinzu:

„Du musst wissen, dass ich von Zeit zu Zeit auf Wanderfahrt gehe. Ich schreibe Theaterszenen für eine Schauspieltruppe, die ich mehrmals pro Jahr begleite. Ich übernehme selbst auch Rollen – der Magister zum Beispiel ist mir auf den Leib geschrieben!"

Die beiden Studenten lachen lauthals, während Lucien zielsicher durch das dunkle Labyrinth der Gassen steuert. Justin späht im Vorbeigehen in eine der Tavernen, deren Boden mit frischem Stroh bedeckt ist. Zwischen den Weinfässern sammeln sich die ersten Zecher.

Lucien, der den verstohlenen Blick bemerkt hat, intoniert mit Komik und schauspielerischem Talent ein altes Lied der trinkfesten Goliarden:

„In der Taverne will ich sterben,
dort, wo die Weine dem Mund des Sterbenden nah sind.
Danach werden Engelschöre herunterschweben und singen:
Gott, sei diesem guten Trinker gnädig!"

Justin folgt dankbar dem laut singenden Studenten, den einige Passanten mit nachsichtigem Lächeln oder kopfschüttelnd betrachten. Leicht beschämt erinnert er sich des Misstrauens, das er Lucien noch vor der Unterhaltung am Rande des Labyrinths entgegenbrachte. Offensichtlich ist sein Zimmernachbar in der theologischen Disziplin gut bewandert. Seine Warnungen waren gut gemeint und keineswegs übertrieben.

Nun, da er anfängt, diesem merkwürdigen Lucien Vertrauen zu schenken, erwägt er, ihn auch in ein persönliches Problem einzuweihen, für das er noch keine Lösung gefunden hat.

Aber nein! Heute nicht mehr. Er fühlt sich erschöpft und hundeelend. Nie würde er sich allein in diesem Gewirr stickiger Gassen zurechtfinden!

Justin schwirrt der Kopf, als die beiden endlich in dem karg möblierten Zimmer ankommen, das hier in Paris ihr Zuhause ist.

Er ist mit einem Auftrag nach Paris gekommen, mit einer Mission, die ihm nach dem Gespräch über die Ereignisse von 1277 noch widersinniger und dubioser erscheint als vorher!

Soll er seiner Schwester diesen Dienst verweigern?

Soll er die Schriftstücke einfach ignorieren und sie bei ihrem nächsten Wiedersehen mit einem Vorwand zurückgeben? Aber Marguerite, die ihn gut kennt, wird seine Ausflüchte durchschauen. Sie wird ihn auf die gewohnte, glasklare Art zur Rede stellen ...

Vor der Abreise überreichte sie ihm ihr kürzlich vollendetes Buch mit der Bitte, die Schrift einem Magister der Theologie vorzulegen und ihn um ein Gutachten zu bitten. Er, der naive Studienanfänger, der lächerliche Provinzler, dessen Informationsstand dem eines neugeborenen Säuglings ähnelt, soll mit diesem Ansinnen an einen verehrungswürdigen Lehrstuhlinhaber herantreten!

Justin bekommt Schweißausbrüche und sein Magen krampft sich zusammen, wenn er sich die Hohn- und Spottiraden der Pariser Intelligenz bei der Begutachtung der Schrift einer einfachen Begine vorstellt!

Man sagt den Beginen gemeinhin nach, sie äußerten sich hochtrabend und anmaßend über theologische Fragen. Und nun soll ausgerechnet er eine Vermittlerrolle übernehmen! Das vernichtende Urteil des Magisters würde auch über ihn hereinbrechen und seine Karriere im Keim ersticken.

Nach der Lektüre des Buchs steigerten sich die Ängste und Widerstände Justins sogar ins Unermessliche: Diese Schrift war ... Verrat! – Verrat an allem, was ihm lieb und teuer war. Verrat an der Vernunft!

Dabei war Justin zunächst noch angerührt von der humorvollen und lebendigen Darstellung: Die Seele hat einen siebenstufigen Entwicklungsprozess durchlaufen und den Zustand der Befreiung erreicht. Sie erklärt ihren Weg und setzt sich mit der „Heiligen Kirche, dem Heiligen Geist, der Liebe" und vielen anderen Personifikationen und Instanzen auseinander; dabei beantwortet sie auch die Fragen der Hörer und Hörerinnen des Buches.

In der Folge aber wird die Vernunft zunehmend die Hauptkontrahentin der Seele. Wie kläglich, wie erbärmlich ist ihre Rolle! Sie zeigt sich als raubeiniger, tumber, ungeschlachter Grobian, der unfähig ist, das innere Erleben in Worte zu fassen. Die befreite Seele geht hart mit dem ins Gericht, was sie Begriffsstutzigkeit und Rechthaberei der Vernunft nennt: „Ihr nehmt das Stroh und lasst das Korn."

Justins Empörung wallt bei dieser Erinnerung wieder empor und so entschließt er sich widerstrebend, trotz der späten Stunde seinen Zimmernachbarn um Rat zu bitten. Er wird sich mit Lucien verbünden, dessen Kenntnisse beachtlich sind und dann seiner Schwester eine deutliche Abfuhr erteilen!

Überraschenderweise lehnt der Theologiestudent das Ansinnen, die Schrift der Begine zu begutachten, nicht ab – er scheint sich vielmehr darüber zu freuen!

Lucien stützt den Lockenkopf auf seine Hände, kreuzt die langen Beine und blickt ihn erwartungsvoll an.

Wieder schwillt die Zornesader auf Justins breiter Stirn, als er den Packen beschriebenen Pergaments aus der Truhe holt und in seiner Verlegenheit mit belegter Stimme die Zeilen liest, in denen die geistige Begrenztheit der Vernunft überaus ironisch kommentiert wird: Die Zöglinge der Vernunft verfügen über einen Verstand ohne Einsicht, über Ohren ohne Hörvermögen, über ein Herz ohne Verständnis, über einen Mund ohne Worte und über einen Leib ohne Leben, es ist – kurz gesagt – ein Fußvolk ohne klare Richtung.

Justin versucht redlich, seinen aufkeimenden Zorn unter Kontrolle zu halten und mit kühler Distanz zu schildern, dass im Verlaufe der Handlung die Vernunft an Herzversagen stirbt, weil sie den kühnen Ausführungen der Liebe nicht zu folgen vermag. Mit grimmiger Miene schlägt er die Szene auf und zitiert die empörte Klage der überforderten, aus dem Leben scheidenden Vernunft.

Danach wagt er kaum, den Blick zu heben. Er erinnerte sich lebhaft an Luciens Bericht über die Ereignisse von 1277 im Garten der Kathedrale und an den Unterricht, den er gemeinsam mit seiner Schwester im Elternhaus erhielt.

Die Stimme des Hauslehrers nahm stets einen geheimnisvollen, verschwörerischen Ton an, wenn er über die Werke sprach, die er liebte. Dabei streckte er die Hände aus, als wolle er den Himmel auf die Erde herabholen. Mit glühenden Augen und wilder Gestik sprach er sich für das vernunftgeleitete Denken und Handeln aus, das die Menschheit einer blühenden Zukunft entgegenführen würde.

Dann sprang der Funke auf die Geschwister über und sie begeisterten sich ebenfalls für den Siegeszug der Vernunft und für die mitreißenden Perspektiven ihres Lehrers. Noch heute fühlt sich Justin von diesen Philosophien inspiriert! Er ist mit der festen Absicht nach Paris gekommen, sich mit Leib und Seele den erfahrungsorientierten Wissenschaften zu widmen.

Und nun übte seine Schwester Verrat an der Vernunft!

Es war beileibe nicht mangelnde Intelligenz, die sie zu diesem Schritt bewog. Marguerite verfügt über einen scharfen, dialektisch geschulten Verstand und trat während des Unterrichts oft mit ihrem Bruder in einen Wettbewerb, der von dem Hauslehrer mit wohlwollendem Lächeln angespornt wurde.

Dann aber schloss sie sich der Beginengemeinschaft von Valenciennes an. Aus Neugier? Aus Abenteuerlust? Um der Ehe zu entgehen?

Sie wird sich bald eines Besseren besinnen und reumütig nach Hause zurückkehren!, dachte Justin rachsüchtig und dieser Gedanke an die weinend zurückkehrende Schwester erfüllte ihn stets mit tiefer Genugtuung.

Aber die Monate verstrichen und Marguerite kehrte nicht zurück. War sie in den Sog dieser neuartigen, übersteigerten Frömmigkeit geraten?

Überall meldeten sich die frommen Frauen, die als Beginen lebten, zu Wort. Sie mischten sich ein. Sie gaben Widerworte. Sie behaupteten sich. Sie fühlten sich berufen, anderen ihre religiösen Erfahrungen mitzuteilen. Sie schrieben merkwürdige Bücher und hielten überspannte Vorträge. Ihre armseligen Behausungen wuchsen zu Siedlungen heran, die Siedlungen wucherten aus zu bedeutenden Stadtteilen. Sie waren überall!

Justin knirscht mit den Zähnen. Sogar im weit entfernten Paris lässt ihn seine Schwester nicht in Ruhe! Sie nimmt keine Rücksicht darauf, dass er selbst erst einmal Fuß fassen muss! Sie denkt nur an sich! Er hat einen bitteren Geschmack auf der Zunge und plötzlich überfällt ihn ein Gefühl lähmender Resignation.

Als er schließlich aufblickt, sieht er unter dem blonden Haarschopf ein belustigt grinsendes Gesicht.

„Ich finde diese Szenen erfrischend!", sagt Lucien heiter.

ERFRISCHEND ?!

Auf seine spontane, oft überraschende Art springt Lucien auf und entreißt dem verblüfften Justin den ansehnlichen Packen beschriebenen Pergaments.

„Ich werde dieses Buch Gottfried von Fontaines vorlegen, einem angesehenen und respektierten Magister der Theologie. Er wird die Darstellung deiner Schwester besser beurteilen können als wir. Vielleicht wird er sogar das erwartete Gutachten verfassen!"

Kapitel 2: Vernunft oder Glaube?

An diesem warmen, sonnigen Septembertag räkelt sich die Katze Mathilde und putzt sich sorgfältig das buntgefleckte Fell. Die Sonne hat die schweren Nebelschwaden vertrieben, die beim ersten Rundgang Mathildes noch über der Siedlung lagen. Auch der kühle Wind hat sich inzwischen gelegt, der frühmorgens herbstlich über die Ebene weht.

Auf leisen Pfoten schleicht die Katze an jedem Morgen zielstrebig zum geräumigen Innenhof, dem zentralen Treffpunkt der Beginensiedlung. Dort liegen Schule und Hospital sowie eine Bibliothek mit Schreibstube, die sich um den großzügig angelegten Hof gruppieren, wo die letzten, verblühenden Rosen ihren süß – herben Duft verströmen. Auch der zentrale Versammlungsraum der Beginen befindet sich dort und manchmal trifft Mathilde auf ihrem Rundgang einige der Schwestern, die zu früher Stunde aufbrechen, um als Tuchmacherinnen oder Krankenpflegerinnen ihren Dienst in der Stadt anzutreten. Mathilde nähert sich dann leise schnurrend, erbettelt meist erfolgreich ihr erstes Frühstück – hier ein Schälchen Milch, dort ein Stückchen Käse – , dann zieht sie zufrieden schnurrend weiter zur nächsten Etappe.

Um das Siedlungszentrum herum erheben sich kleinere Fachwerkhäuser, in denen Frauengemeinschaften leben, die selten das Dutzend überschreiten. Und in einem weiteren Kreis um den Innenhof liegen verstreut winzige, klausenähnliche Unterkünfte, bewohnt von nur zwei oder drei Personen.

Alle Beginen, die einem dieser überschaubaren Konvente angehören, stehen mit dem Zentrum in Verbindung und finden sich in regelmäßigen Abständen im gemeinsamen Versammlungsraum ein, um die Belange der Siedlung, die in den letzten Jahren zu einem bedeutenden Stadtteil herangewachsen ist, zu besprechen und zu regeln.

Diese langweiligen Zusammenkünfte interessieren die Feinschmeckerin Mathilde wenig!

Sie hat eines der kleineren Fachwerkhäuser als Zufluchtsstätte aus-
erkoren, denn dort witterte ihr feines Näschen von Anfang an die
hervorragenden Kochkünste der sechs Bewohnerinnen, die täglich in
der geräumigen Halle im Erdgeschoss speisen. Hier nimmt Mathilde
auch mit Vorliebe die zweite Frühstücksration entgegen, ein Schälchen dampfender Hafergrütze oder gar einen duftenden Griesbrei!

Mit einem gewagten Sprung landet Mathilde auf dem vertrauten
Fenstersims und äugt in die Stube, deren Fußboden mit frischen
Binsen und einigen Blumen und Rosenblättern bestreut ist. Sie
schnuppert genüsslich den frischen, angenehmen Duft, der aus der
Behausung dringt, und beobachtet aufmerksam die Begine, die ein
frisches Pergament auf das Schreibpult legt und daneben Tintenhorn
und Federkiel bereitstellt.

Die Frau ist zierlich, fast zerbrechlich gebaut und hat ein schma-
les, sensibles Gesicht, das durch das helle, weit fallende Gewand aus
ungefärbter Wolle noch blasser und zarter wirkt. Doch ist der erste
Eindruck äußerer Unscheinbarkeit trügerisch, denn in den Augen
dieser etwa Dreißigjährigen liegt eine klarsichtige Entschlossenheit
und ein Maß an gereifter Einsicht, die ihr eine besondere Ausstrahlung verleihen. Es ist, als gehe von ihrer kleinwüchsigen, unauffälli-
gen Gestalt eine kraftvolle Energie aus, die in einem überraschenden
Kontrast zu ihrer äußeren Erscheinung steht.

Lächelnd begrüßt sie die schnurrende Katze, streicht ihr über das
weiche Fell und scheint mit geschlossenen Augen für einen Moment
die intensiven Strahlen der Herbstsonne zu genießen. Mathilde räkelt
sich genüsslich, gähnt herzhaft und fährt vorsichtig mit zurückge-
zogenen Krallen über das Kinn ihrer menschlichen Partnerin, die
noch immer ihren Träumen nachhängt.

Am kommenden Sonntag wird in der Stadt die berühmte Marien-
prozession stattfinden, die alljährlich zu Ehren der Madonna veran-
staltet wird. Im Jahre 1008 hat Mutter Maria die Stadt Valenciennes
vor der Pest bewahrt, indem sie eine rote Schnur um die Mauern
spannte. Dieser wunderbare Schutz hat das Eindringen der Seuche
verhindert und zum Dank zelebrieren die Bewohner den beliebten
Gedenktag.

Schon als Kind hat Marguerite dieses farbenprächtige Fest geliebt!

Die vermögenden Patrizier schmücken vor dieser Prozession ihre trutzigen Steinhäuser mit Fahnen und Blumen und stellen wertvolle Statuen, Gemälde, silberne Kandelaber, schimmernde Damaststoffe, Devotionalien und Reliquien aus aller Welt auf kleinen Altären zur Schau. Man kleidet sich in die prächtigsten Gewänder und unter dem dichten Wald kunstvoll bestickter Fahnen wandeln Handwerkszünfte, Gilden und Honoratioren der Stadt feierlich durch die Straßen.

Marguerite lächelt bei der Erinnerung an den wichtigsten Feiertag der Stadt, an dem das ansässige Patriziat seinen Reichtum entfaltet und seine Macht demonstriert.

Wie glücklich war sie in ihrem Elternhaus!

Ja, in dem großen Gebäude aus Stein mit dem warmen Kamin, den kunstvollen Vertäfelungen und den schweren Wandteppichen fühlte sie sich geborgen.

Diese Erinnerung ruft augenblicklich wieder jenes Gefühl behaglicher Ruhe wach, das sie abends wie eine schützende Decke einhüllte. Der Vater stand vor dem flackernden Kaminfeuer, stützte seinen Arm auf das Gesimse und während sein riesiger Schatten bizarre Umrisse an die Wände des behaglichen Raumes warf, begann er, den Kindern Geschichten zu erzählen. Der weit gereiste Kaufmann wusste von abenteuerlichen Helden, von finsteren Mächten und herausfordernden Gefahren zu berichten. Er kannte die Tücken der See, die seltsamen Lebensgewohnheiten der Bewohner fremder Länder und die strengen Überlebensregeln des Handelsreisenden.

Monsieur Porete war ein Mann, der die Risiken des Geschäftslebens kannte und keine Gefahr scheute. Das Kaminfeuer flackerte beruhigend, die tiefe Stimme des Vaters nahm einen sehnsüchtigen Klang an, dem Marguerite unwillkürlich nachlauschte, der warme Raum hüllte sie ein. Und plötzlich drangen die Abenteuer der Wildnis wie Nebelschwaden in die beschauliche Ruhe. Furchterregende Gestalten, feuerspeiende Drachen schwebten durch die Luft; Bosheit und Habgier der Menschen versteckten sich in den Ecken wie teuflische

Fratzen, schreckliche Geister lauerten überall. Doch der Vater hatte alle Gefahren gemeistert und war nach jeder Reise heil zu seinen Kindern zurückgekehrt!

Mit Vorliebe erzählte der erfahrene Kaufmann von der folgenschweren Begegnung, die sein Leben veränderte:

Er hörte einst die Predigten des Minderbruders Berthold von Regensburg, der in den großen Handelszentren herumreiste und vor dem Sittenverfall der modernen Zeit warnte.

Nach Bertholds Lehre hat Gott die Christenheit in zehn verschiedene Stände gegliedert und diese Aufteilung entspricht den zehn Engelschören im Himmelreich. In diesem Gefüge hat auch der Kaufmann seinen gottgefälligen Platz, aber nur unter der Bedingung, dass er redlichen Handel treibt, genaue Waagen, Messgeräte und Gewichte verwendet und seine geschäftlichen Transaktionen ohne Hinterlist und Betrug abschließt.

Lässt er sich aber von der unersättlichen Gier nach Geld und Besitz leiten, dann fällt er aus dem sozialen Gefüge und wird in die dunklen Bereiche geschleudert, in denen der Teufel regiert.

Begeistert und voller Bewunderung erzählte Vater Porete seinen Kindern all die Geschichten, die sich um Berthold, den heiligen Mönch, ranken: Etliche seiner Zuhörer beteuerten, während seinen Predigten eine leuchtende Krone über dem Haupte des redlichen Minderbruders gesehen zu haben.

Einmal weigerte er sich standhaft, die Stadt Winterthur zu betreten, weil dort die Stadtbürger die Armen mit ungerechten Steuern und drückenden Zöllen belasteten!

Eine Dirne war durch Bertholds Predigten so tief bewegt, dass sie ein öffentliches Reuebekenntnis ablegte und erklärte, sie werde von nun an ihren Lebenswandel ändern.

Und was tat der charismatische Redner? Klagte er die Frau an? Nein! Forderte er Buße? Nein! Er nahm die reuige Sünderin als Tochter an!

Versonnen streicht die Begine, die vor ihrem inneren Auge jene Kindheitsszenen aufleben lässt, über Mathildes seidigen Pelz und die Katze antwortet mit einem behaglichen Schnurren.

Nach der Begegnung mit Berthold machte sich Herr Porete die moralischen Prinzipien des berühmten Predigers zu eigen und grenzte sich demonstrativ ab von engstirniger Habsucht und unersättlicher Geldgier, die seinem Stande oft zugeschrieben werden. Diesen modernen Auswüchsen des Geschäftslebens trat er mutig entgegen, doch immer zahlreicher wurden die jungen, ehrgeizigen Handelsleute, denen es nicht mehr genügte, durch Kauf und Verkauf von Waren Gewinne zu erwirtschaften. Sie wurden skrupelloser und trachteten danach, auch die Arbeitsbedingungen der Zulieferer ihrer Kontrolle zu unterwerfen. Sie begnügten sich nicht mit dem einmal erzielten Gewinn und forderten mehr, immer mehr. Die brennende Gier nach Geld, viel Geld, noch mehr Geld ließ sie nachts nicht mehr ruhig schlafen.

Von Zeit zu Zeit versuchten sie, ihre aufkeimenden Gewissensbisse zu besänftigen, indem sie großzügige Spenden tätigten. Sie betrachteten ihre zeitweilige Freigebigkeit als eine Art Rückversicherung, die sie vor Höllenstrafen bewahrte.

Diese Haltung, die den Schöpfer der Welt zum bestechlichen Handelspartner degradierte, empörte den Vater zutiefst. Gott war nicht käuflich! Wen wunderte es, dass diese modernen Kaufleute in der Stadt zum Angriffsziel Nummer eins wurden?

Der Adel bedachte ihren Geiz, ihre Habgier und Kleinkrämerei mit Hohn und Spott und verlachte die geldgierigen Emporkömmlinge der niederen Stände.

Vater Porete setzte diesen unheilvollen Tendenzen unermüdlich Ideale wie Rechtschaffenheit, Redlichkeit und Hilfsbereitschaft entgegen. Und ruhte nicht auf all seinen Unternehmungen sichtlich Gottes Segen?

Der ehrlich erworbene Gewinn mehrte den Wohlstand der Familie und die moralischen Grundsätze des erfolgreichen Kaufmanns ließen seinen gesellschaftlichen Einfluss in der Stadt in ungeahntem Maße anwachsen – sogar in Adelskreisen brachte man dem Namen Porete Respekt entgegen.

Er beteiligte sich an der Gründung einer Lateinschule, unterstützte aktiv die wohltätigen Einrichtungen des Gemeinwesens und förderte

durch großzügige Spenden die Arbeit der Beginen in der Kranken-
pflege, bei der Sterbebegleitung, in der Armenfürsorge und in der
Erziehung.

Marguerite war stolz auf ihren Vater und sie bewunderte seinen
selbstlosen Einsatz zutiefst.

Als sie jedoch zu ersten Mal den Wunsch äußerte, sich der Beginengemeinschaft der Stadt anzuschließen, ließ sie der Tuchhändler
seine Enttäuschung spüren.

Warum? War er nicht stolz darauf, dass seine Tochter den sozialen
Dienst, den er selbst so großzügig förderte, aktiv mittrug?

Der alternde Kaufmann war nach dem Tod seiner Ehefrau keine
Ehe mehr eingegangen und hing an seiner einzigen Tochter. Er
sprach nicht über die Gefühle, die ihn angesichts dieser Entscheidung
Marguerites bewegten, aber oft wechselte er mit seinem Sohn Justin
vielsagende Blicke. Denn der bodenständige Justin hatte schon des
öfteren die religiöse Schwärmerei der Frauen belächelt.

Wie sollte eine gebildete, verwöhnte Dame aus angesehenem Hause
mit Frauen aus allen Ständen auf Dauer zusammenleben können?
Sie tauschte ein trutziges Steinhaus mit Glasfenstern, Erkern, kostbaren Teppichen und allen Annehmlichkeiten ein gegen eine windige,
primitive Kammer mit Bett und Truhe! Zweifellos war dies eine der
vorübergehenden Stimmungsschwankungen, denen das launische,
weibliche Geschlecht mit seiner angeborenen Vernunftschwäche von
Zeit zu Zeit unterworfen ist! Justins Sarkasmus schien den besorgten
Vater zu beruhigen.

Die beiden Männer wussten sehr wohl, dass die Gelübde der
Keuschheit und der Armut bei den Beginen eine jederzeit widerruf-
bare Selbstverpflichtung waren und rechneten deshalb stillschwei-
gend mit Marguerites baldiger Rückkehr. Bis dahin versäumte es der
umsichtige Geschäftsmann nicht, die Zukunft seiner Tochter durch
großzügig bemessene Rücklagen zu sichern.

Marguerite streicht gedankenverloren Mathildes Fell. Die heimli-
chen Erwartungen des Vaters erfüllten sich nicht, denn für sie begann in diesem Konvent ein neues Leben, das sich stark von den
bürgerlichen Gepflogenheiten in ihrem Elternhauses unterschied.

Wie ernst hatte sie bisher die Verwaltung eines gehobenen Hausstandes genommen! Sie hatte unzählige Stunden mit Nähen, Spinnen und Weben und mit dem Entwurf von Kleidung und Kopfschmuck zugebacht. Das enge Korsett gesellschaftlicher Verpflichtungen prägte den Tagesablauf der mutterlos Heranwachsenden, die ständig um eine standesgemäße Ausstattung ihres Heims besorgt war, wollte sie doch nicht anderen standesgemäßen Familien hinterher hinken, denen noch die erfahrene Mutter und Hausfrau vorstand. Wie oft fühlte sie sich müde und überfordert! Ahnte sie die tiefe Sinnlosigkeit ihres geschäftigen Treibens?

Gleichzeitig stellte der gemeinsame Unterricht mit ihrem Bruder Justin eine ständige Herausforderung dar: Wie perfekt beherrschte sie eine Fremdsprache? War ihre Lösung einer philosophischen Streitfrage brillant? War das Spiel auf der Laute exzellent? Konnte sie mit ihrem Bruder Schritt halten und ihn sogar überbieten?

Erst viel später fiel ihr auf, dass der Erwerb dieser Fähigkeiten nichts anderes war als Ausdruck der stummen Rivalität mit ihrem Bruder. Wenn sie so gut war wie er, warum wurde ihr nicht dasselbe Maß an Aufmerksamkeit und Liebe zuteil?

Nachdenklich, fast wehmütig streicht die Begine über das seidige Fell des schnurrenden Tieres.

Im „neuen Leben" brachen diese Zwänge wie ein Kartenhaus zusammen. Zum ersten Mal stellte sich die junge Frau die radikale Frage:

Was ist wirklich wesentlich?

Da schien es plötzlich, als verlöre sie den Boden unter den Füßen, als versinke sie im Nichts. Sie war keine Dame von Stand mehr – plötzlich war sie ein NIEMAND, aller gesellschaftlich anerkannten Attribute beraubt.

Doch mehr noch als die materiellen Entbehrungen machte ihr in der neuen Umgebung die niemals vorher gekannte Empfindung von Leere zu schaffen. All ihre eingeschliffenen Gewohnheiten, ihre Denkmuster und Selbstverständlichkeiten waren unbrauchbar geworden, denn die alten Zusammenhänge existierten nicht mehr. Hier in diesem bescheidenen Konvent ging es nicht um den Ruf eines gutbürgerlichen Hauses, nicht um standesgemäße Kleidung und nicht um Kenntnisse auf verschiedenen Wissensgebieten. Es ging um die Frage: WAS IST WIRKLICH WESENTLICH? Und worauf kann ich verzichten?

Marguerite kann nicht sagen, dass sie in dieser Phase ihres Lebens glücklich war – es gab sogar Stunden, in denen sie ihren Entschluss auf das heftigste bereute und sich zurücksehnte in die bequeme Gleichförmigkeit des bürgerlichen Lebens. Ihr Bruder Justin würde ihre schmachvolle Rückkehr als persönlichen Triumph verbuchen! Aber lieber Spott und Hohn der Familienangehörigen und Nachbarn in Kauf nehmen, als weiterhin diesen radikalen Einschnitt in alles, was ihr lieb und teuer war, in Kauf zu nehmen! Sie rief sich mit tiefem Bedauern das naive Glück ihrer Jugendzeit ins Gedächtnis, musste sich aber letztendlich verzweifelt eingestehen, dass es kein Zurück mehr gab.

Das alte Sein hatte sich unwiederbringlich aufgelöst, aber das „neue Leben" hatte noch keine festen Konturen. Eine Woge von Angst und Abwehr stieg in ihr hoch und trieb sie geistig in eine Krise, in der sie manchmal befürchtete, den Verstand zu verlieren. Hatte sie die Kontrolle über ihr Leben völlig verloren? Die kleinen und großen Reibereien und Konflikte mit den Mitschwestern nagten an ihrer Lebenskraft und schienen zu bestätigen, dass ihr Experiment gescheitert, ihr persönliches Opfer wertlos war. Was blieb dann noch außer der ehrlosen Rückkehr?

Die Katze Mathilde verstärkt ihr Schnurren und schmiegt sich an Marguerite. Ausgedehnte Ruhepausen wie die heutige sind rar und so will sie der fast unbeweglichen Begine zeigen, wie sehr sie die beschauliche Zweisamkeit schätzt, die ihr unverhofft geschenkt wird! Trotzdem sollte man das Frühstück nicht vergessen! Aber Marguerite reagiert kaum auf diese wiederholten Annäherungen und starrt noch immer versonnen ins Leere.

Wie verwirrend waren für sie anfangs die geistigen Erfahrungen, die sie in Meditation und Gebet durchlief!

Sie, die das rationale Denksystem über alles schätzte und sich oft mit ihrem Bruder über scholastische Spitzfindigkeiten gestritten hatte, suchte nach neuen Erklärungen und rang um neue Denkmodelle – bis der erschöpfte Verstand endlich eingestand, dass alle Bemühungen fruchtlos waren.

Das alte Ich war zusammengebrochen – und es erschien ihr nun als notdürftige Hilfskrücke, die sich die junge, ehrgeizige Marguerite gezimmert hatte, um ihren Alltag zu meistern. Diese stolze Marguerite existierte nicht mehr und mit ihr waren bürgerliche Privilegien, Standesdünkel und Bildungsideale gestorben. Vor ihr eröffnete sich wie ein unbekannter Kontinent das Nichts, die Leere. Da gab sie den Kampf um Konzepte auf und lieferte sich schutzlos der neuen Situation aus ...

Sie flüchtete sich oft in die Schreibstube, um allein zu sein. Sie liebte es, in den widerspenstigen Pergamenten zu kramen, so als sei in diesen Schriften die Formel verborgen, die ihre innere Zerrissenheit kitten könnte. Und tatsächlich stieß Marguerite in der einsamen Schreibstube auf die Entdeckung, dass sie mit ihrer außergewöhnlichen Lebensgeschichte nicht allein stand.

Andere Beginen vor ihr hatten schon jene Krise beschrieben, in der das alte Ich zusammenbrach, in der die überkommene Ordnung ins Wanken geriet, in der sich ihr Selbstverständnis und ihre Prinzipien grundlegend veränderten. Dieser Zustand war ein Vorbote der wahren Befreiung! Diese Krise war eine Chance, die menschlichen Anhaftungen hinter sich zu lassen! Dieser Zusammenbruch eröffnete neue Wege, wenn die Seele das Vakuum nutzte, um sich im göttlichen Sein zu verankern.

Nun begann die junge Begine, ihre Erlebnisse aufmerksam niederzuschreiben und drang so immer tiefer ein in die Überlieferung dieser Tradition, die sich bruchstückhaft in all den Pergamenten abzeichnete: Sie stand nicht allein mit den Empfindungen von Verlassenheit, von Leere, von Zweifeln an der eigenen Identität. Schon vor ihr hatten Frauen diese Gefühle beschrieben, die mit dem Wagnis des Neubeginns einhergehen.

Aus den sorgfältigen Aufzeichnungen Marguerites entstand in mühevoller Kleinarbeit ihr Buch mit dem Titel Spiegel der einfachen Seelen, dessen zentrale Botschaft in dem Satz Schiebt es nicht auf, euch selbst zu lassen! kulminierte. Dieser Zustand war die Befreiung, die Befreiung von den engen Grenzen des Ich, die Befreiung von sich selbst.

Und plötzlich hatte ihre Seele das unwiderstehliche Verlangen, sich anderen mitzuteilen:

Ich singe die eine Stunde den Vorgesang

Die andere den Gegengesang

Für diejenigen, die noch nicht frei sind,

damit sie einige Abschnitte über die Freiheit zu hören bekommen

und über den Weg, der dahin führt.

Marguerite hat ihren Bruder gebeten, die Aufzeichnungen einem Theologen der Fakultät in Paris vorzulegen und ihn um ein Gutachten zu bitten. Justin wird anlässlich des Festtags nach Valenciennes kommen und einige Tage im Elternhaus verbringen – vielleicht wird er ihr schon das lang erwartete Schriftstück aushändigen?

Als eine der Mitschwestern an die Türe klopft, um den Besuch ihres Bruders anzukündigen, der im Refektorium wartet, ist Marguerite nicht überrascht. Justin – wie es ihm wohl in Paris ergangen ist?

Sie eilt in die Eingangshalle und sieht mit Erstaunen, wie sehr sich ihr Bruder verändert hat. Sein Gesicht hat die jungenhafte Rundlichkeit verloren; er wirkt erwachsener, ernsthafter, schlanker.

Nach der herzlichen Begrüßung wischt er sich umständlich und verlegen den Staub von den Stiefeln, dann sieht sich eingehend in der kargen, bescheidenen Halle um. Offensichtlich weiß er in seiner schwerfälligen Art nicht so recht, wie er seine Erzählung beginnen soll.

Er wird selbstverständlich nicht erzählen, dass ihm sein Zimmernachbar Lucien die peinlichen Schriftstücke, die seine Schwester verfasst hat, aus der Hand riss, um sie dem Magister tags darauf auszuhändigen. Er wird auch verschweigen, dass er aus Angst vor der drohenden Blamage die ganze Nacht kein Auge zugetan hat.

Als ihm Lucien einige Tage später ankündigte, Gottfried von Fontaines erwarte ihn, war Justins Kehle wie ausgedorrt. Er hastete hinter dem Freund her, eifrig bemüht, den blonden Schopf nicht aus den Augen zu verlieren, wusste er doch sehr wohl, wie verloren er allein im Gewirr der Gassen war.

Lucien vergaß seinerseits jede Rücksicht und preschte im Sturmschritt voraus, bis diese Hetzjagd ein abruptes Ende fand. Sie standen plötzlich vor einem ehrfurchtgebietenden, dunklen Gebäude mit feuerspeienden Ungeheuern aus Stein, die mit geöffnetem Rachen und wildem Blick die erschöpften Ankömmlinge musterten.

Da traf ihn ein unsanfter Stoß in den Rücken und dieser unselige Lucien flüsterte ihm zu: „Er sitzt in der Bibliothek. Ich warte hier auf dich!"

Schweratmend, mit hochrotem Kopf, durchschritt Justin das Portal und näherte sich mit langsamen Schritten der Bibliothek, wo ein kleiner, agiler Mann, den er für den Pförtner oder den Hausmeister hielt, geschäftig zwischen den Buchtürmen umherlief. Der freundliche, unscheinbare Mann vorgerückten Alters, der zur Begrüßung unzählige Lachfältchen in Bewegung setzte, war Gottfried von Fontaines, der berühmte Magister!

Noch nie hat sich Justin so unbeholfen, so verloren gefühlt wie in diesem Augenblick, als er verschwitzt und außer Atem dem Dozenten gegenüberstand, der mit liebenswürdigen Worten das Buch seiner Schwester lobte!

Das Werk stehe in der Tradition des Dionysius Areopagita, eines Schülers des Apostels Paulus, der aufgezeigt habe, dass kein menschliches Begriffssystem, kein von Menschen erdachter Definitionsversuch ausreiche, um das göttliche Sein zu erfassen. Und während Justin noch immer um Worte rang, zitierte Gottfried den Areopagiten aus dem Gedächtnis:

Weiter emporsteigend sagen wir,
dass Er
weder Vorstellung,
noch Meinung,
noch Sagen,
noch Denken hat;
weder Wort ist,
noch Gedanke;

weder gesagt wird,
noch gedacht;
weder Zahl ist,
noch Ordnung;
weder Größe,
noch Kleinheit;
weder gibt es ein Wort von Ihm,
noch einen Namen,
noch ein Wissen;
weder ist Er Dunkelheit,
noch Licht;
weder Irrtum,
noch Wahrheit; ...
denn Er ist über jeder Bejahung
als der völlige und eins seiende Grund und Ursprung von allem
und über jeder Verneinung
als die Erhabenheit des von allem Gelösten,
das alles überragt.

Als der sonst so redegewandte Justin daraufhin stotternd versuchte, seine Kritik an der armseligen Rolle der Vernunft im Spiegel in Worte zu fassen, lächelte Gottfried fein und erklärte ihm dann mit knappen Worten:

„Bonaventura, der Vorsteher des Franziskanerordens, unterschied einst drei Formen menschlicher Erkenntnis:

Die Erkenntnis mit dem Auge des Fleisches, mit dem Auge des Geistes und mit dem Auge der Kontemplation. Die sinnliche Wahrnehmung erfolgt über das Auge des Fleisches, doch die Verarbeitung dieser sinnlichen Informationen wird dem Auge des Geistes zugeordnet. Der Geist ordnet, systematisiert, stellt Theorien auf, erläutert Zusammenhänge und formuliert Hypothesen. Mit dem dritten, dem spirituellen Auge aber erfahren wir Gott. Dies ist das Auge der Kontemplation, das die Erfahrungsebene der Vernunft überschreitet. Die Schau Gottes vollzieht sich jenseits von Worten und Gedanken.

Wir sind oft geneigt, die Vernunft zum ausschließlichen Maßstab zu machen. Wie wollen mit ihren Begriffen auch die Ebene der Kontemplation erfassen und meinen, auch dieser Bereich müsse der Kontrolle der Vernunft unterworfen werden. Diesem Irrtum verfallen wir so leicht, weil wir in einer Epoche leben, in der die empirische Erkundung der Welt vielversprechende Fortschritte macht und die Vernunft eine wichtige Rolle spielt."

Der Magister bedachte den einfältig dreinblickenden Studienanfänger mit einem nachsichtigen Lächeln, dann fuhr er fort:

„Deine Schwester lässt Vernunft, Liebe, Seele und andere Instanzen in Dialogen miteinander kommunizieren. Auf diese Weise versucht die befreite Seele, die kontemplative Schau zu vermitteln und setzt sich mit den Grenzen der Vernunft auseinander.

So integriert die Autorin beide Erfahrungsebenen und gibt gleichzeitig den Anhängern der Vernunft eine überzeugende Handlungsanleitung: Sie sollen der Vernunft in den Bereichen folgen, wo diese das adäquate Erkenntnisinstrument ist.

Im Bereich der Kontemplation aber möge man Bewusstseinszustände respektieren, die sich dem rationalen Begriffsvermögen entziehen.

Es ist das Verdienst deiner Schwester, dieses schwierige Thema in anschaulicher Form erklärt zu haben!"

Spielte da ein leicht belustigter Zug um Gottfrieds Mund, als er dem verblüfften, sprachlosen Studenten die eng beschriebenen Pergamente zurückgab und ihm das versiegelte Gutachten aushändigte?

Eine höchst peinliche Situation! Justin verließ mit hochrotem Kopf die Bibliothek.

Nein, all dies wird Justin nicht erzählen!

Stattdessen räuspert er sich und berichtet wortreich und ausführlich von den Ereignissen im Jahre 1277, die ihm sein neuer Freund Lucien geschildert hat.

„Als damals Bischof Tempier die Liste mit den verbotenen Lehrsätzen veröffentlichte, war es Gottfried von Fontaines, der ihm entgegentrat und der verlangte, dass in einigen Punkten das Verbot zurückgenommen wird. Er ist wegen dieser klaren Haltung bei den Studenten sehr beliebt."

Justin baut eine wirkungsvolle Pause ein. Dann unterstreicht er die Beiläufigkeit seiner folgenden Worte mit einer herablassenden Geste:

„Er hat dennoch dein Buch recht positiv beurteilt und das kann ich nicht ganz nachvollziehen!

Mir erscheint dein hartes Urteil über die Vernunft ungerecht. Wie kannst du behaupten, dass die Anhänger der Vernunft blind sind und ihre Gelehrsamkeit wertlos?

Die Vernunft ist Gottes wertvollstes Geschenk! Mit ihrer Hilfe sind wir in der Lage, uns die Schöpfung untertan zu machen, so wie es Gottes Vorsehung will. Die Vernunft wird Licht in die Dunkelheit überlieferter Traditionen bringen!

Davon warst doch auch du immer überzeugt. Hast du die Lehren unseres guten Johannes völlig vergessen?" Er wirft seiner Schwester einen vorwurfsvollen Blick zu.

Natürlich erinnert sich Marguerite noch an ihren gemeinsamen Hauslehrer Johannes! Er pries mit begeisterten Worten das vernunftgeleitete Denken und Handeln und machte die Geschwister mit den Vorkämpfern der Vernunft vertraut. Er entführte sie ins elfte Jahrhundert, wo sie den genialen Anselm von Canterbury begleiteten, der eine Begründung des Glaubens lieferte, die nicht mehr auf Autorität, sondern ausschließlich auf rationaler Erkenntnis beruhte.

Der Funke sprang über und bald verschrieben sich die beiden Schüler der Logik. Sie begeisterten sich für Petrus Abaelard; seine Worte wurden Losung:

„Da ich von allen Lehren der Philosophie die Geisteswaffen der Dialektik am meisten schätzte, gab ich die anderen Waffen auf, um hinfort Siegeslorbeeren nicht im Kampf der Waffen, sondern im Streit der Argumente zu erringen.

Diskutierend durchwanderte ich die Lande, wo ich von jener Kunst etwas lernen konnte, und so wurde ich ein Wanderphilosoph."

Sie wanderten im Geiste mit dem knapp Zwanzigjährigen nach Paris und verfolgten seine leidenschaftlichen Disputationen mit seinem Lehrer Wilhelm von Champeaux, bis sich der junge Kämpfer enttäuscht abwandte, weil er von den Lehrern nichts mehr lernen konnte und weil ihn der Neid seiner Mitstudenten anwiderte.

Wie der große Abaelard erkannten sie, dass alle Menschen zum Gebrauch der Vernunft befähigt sind, dass es ihnen aber an Unterscheidungsfähigkeit gebricht. Der Mensch muss die natürliche Anlage, vernunftgemäß zu denken und zu handeln, schulen und weiterentwickeln, indem er die Argumente prüft und ihre Schlagkräftigkeit beurteilt.

Auf der Grundlage der Vernunft gelangt man schließlich zur Unterscheidungsfähigkeit!

Noch mehr aber faszinierte die beiden Heranwachsenden der streitbare, mutige Querdenker Roger Bacon. Er hatte einst in Paris als Magister gelehrt, bevor er nach Oxford zurückkehrte und dort dem Franziskanerorden beitrat.

In einem alten Wachturm richtete er ein Laboratorium ein, in dem er seine optischen, mechanischen und physikalischen Experimente durchführte und unter dem Dach eine Sternwarte installierte, die mit einem Fernrohr ausgerüstet war. So konnte er den nächtlichen Sternenhimmel beobachten.

Johannes zitierte oft das Motto des Universalgelehrten: Ohne Erfahrung kann der Mensch nichts sicher wissen!

Roger Bacon träumte davon, eines nicht fernen Tages den universalen Sinnzusammenhang aller Wissenszweige zu entdecken. Bis dahin müsse die experimentelle Methode genauso anerkannt und erprobt werden wie der Austausch der Argumente in der Philosophie. Experimente, nicht Argumente seien die Basis der Wissenschaften, lehrte der „doctor mirabilis", der wunderbare Doktor.

Zuweilen schoss seine Phantasie über das Ziel hinaus und er erwog die Konstruktion von Wasserfahrzeugen, von Flugmaschinen und von riesigen Brennspiegeln! Leider folgten die Ordensoberen seinen kühnen Zukunftsplänen nicht. Sie sperrten ihn in regelmäßigen Abständen im Kloster ein und verboten ihm praktische Versuche.

Doch nie gab der gelehrte Franziskaner sein Ziel auf!

Für Justin und Marguerite waren diese Leute, die sich in den Dienst der Vernunft stellten und die deshalb Anfeindung und Verfolgung erdulden mussten, die Helden der Zukunft. Sie bewunderten ihr Wissen, ihre Tatkraft, ihren Mut. Eines Tages würde das moderne Weltbild über Aberglaube und Autoritätshörigkeit triumphieren! Eines nicht fernen Tages ...

Nein, Marguerite hat diese mitreißende Zukunftsperspektive ihres Hauslehrers Johannes niemals vergessen! Sie antwortet nüchtern auf die Frage Justins:

„Auch ich sehe die Vernunft als Geschenk Gottes. Doch neigen wir dazu, das vernunftgeleitete Denken maßlos zu überschätzen, wenn wir auf diesem Wege versuchen, das göttliche Sein zu begreifen. Bei der empirischen Erforschung der Welt mag die Vernunft vielleicht hervorragende Leistungen erbringen, aber wir sollten auch sehen, dass sie sich immer innerhalb der dualistischen Vorstellungswelt bewegt.

Ich gebe dir ein Beispiel:

Wir betrachten unsere eigene Bosheit und gelangen so zu einer Vorstellung von Gottes Güte.

Wir sehen unsere Torheit und gewinnen auf diesem Wege eine Idee von der göttlichen Weisheit. Wir werden uns unserer Schwäche bewusst und so eröffnet sich uns die Dimension der göttlichen Allmacht.

Unser Verstand arbeitet mit gegensätzlichen Vorstellungen und er vermag dieses Bezugssystem nicht zu überschreiten. So zimmern wir uns ein beschränktes, begrenztes Bild von Gott. Auf dem Wege logischer Beweisführung oder rechnerischer Kalkulation werden wir Gott niemals erfassen!

Auf dieser einfachen Basis entwickeln wir gleichermaßen ein simples Frömmigkeitsmodell: Wir erwarten für Tugendwerke Belohnung und fürchten uns vor Strafe. Wie ein Händler oder Krämer werfen wir unseren Einsatz in die Waagschale und verlangen von Gott, dass er uns Verdienste gutschreibt. Diese einengende Sichtweise kann erst dann überwunden werden, wenn wir unsere Ichbezogenheit aufgeben und wenn die Liebe, nicht die Vernunft, zur ersten Lehrmeisterin wird.

Wenn die befreite Seele in meinem Buche sagt, dass sie nichts ist als grenzenlose Liebe, dann hält dies die Vernunft für eine ungeheuerliche Aussage und stirbt an Herzversagen, was in der Symbolik des

Spiegel nichts anderes ist als mangelnde Liebe. Genau dies aber ist der Weg: Wenn wir die Selbstbezogenheit auflösen, schaffen wir Raum in uns selbst. Dann kann Gott in der Seele wirken und diese Kundgebung erleben wir in einem Zustand, der sich Sprache und Logik entzieht. In meinem Buch beschreibe ich dieses blitzartige Wirken dessen, der sowohl nah, als auch fern ist und der in der Seele seinen tiefen Frieden hinterlässt, einen Frieden, den wir wiederum kaum mit Worten beschreiben können.

Es ist ganz einfach: Man erkennt, dass man ohne Sein ist und kehrt so zum ursprünglichen Sein zurück."

Marguerite ist unsicher, ob ihr pragmatisch denkender Bruder diesen letzten Gedankengang nachvollzogen hat. Sie legt leicht verlegen eine Pause ein, um ihm Gelegenheit zur Antwort zu geben.

Justin antwortet darauf langsam und betont, so als versuche er krampfhaft, seinen Groll unter Kontrolle zu behalten:

„Ich befürchte, dass deine Idee vom befreiten Zustand, in dem es kein ICH mehr gibt, nur für wenige Menschen nachvollziehbar ist. Wie kann der sündhafte Mensch in diesem Erdenleben in Willenseinheit mit Gott treten? Wie kann er sein ICH aufgeben?

Ich sage dir eines, Marguerite!

Gott hat den Menschen mit starker Willenskraft ausgestattet, damit er sich diese Erde untertan macht. Wir befinden uns in einer Epoche der Herausforderungen, wo wir die Vernunft zur Blüte bringen und uns auf unsere Fähigkeiten besinnen.

Der Wille ist dabei die stärkste Antriebskraft. Hätte uns Gott mit dieser Qualität ausgestattet, wenn er wollte, dass wir auf sie verzichten? Soll sich der Mensch kampflos den Gegebenheiten beugen, auch da, wo es schmerzt? Soll er ohne Rebellion, ohne Wut, ohne Aufbegehren auch das akzeptieren, was dem eigenen Lebensplan zuwiderläuft? Nennst du diese passive Haltung „Willenseinheit mit Gott"?

Nein – es ist wider die menschliche Natur, dies zu verlangen!

Es ist ein viel einfacheres Prinzip, für gute Taten eine Belohnung, für schlechte Handlungen aber eine Strafe zu erwarten. Was sollte daran verwerflich sein? Der Christ entscheidet sich für das Gute, weil er die Strafen der Hölle fürchtet. Angst vor Bestrafung ist die wirkungsvollste Motivation und dieser Mechanismus liegt dem Menschen viel näher als der widersinnige Verzicht auf den Willen und das eigene Ich.

Dein Modell der befreiten Seele passt nicht in unsere Zeit, es ist utopisch. Vielleicht wird es einer verschwindend kleinen Elite vorbehalten bleiben, ihre Innerlichkeit auf diese Weise auszuleben und ständig Nabelschau zu betreiben, für die Mehrzahl der Menschen aber ist dieser Weg nicht gangbar. Du hängst verstiegenen Vorstellungen nach, die dich von den Menschen und von der Realität entfernen. Kehre zurück in die Welt, kehre zurück in dein Elternhaus und verzichte auf religiöse Wahnideen! Du kannst am besten dort wirken, wo dein angestammter Platz ist!"

„Das sehe ich anders", setzt Marguerite mit fester Stimme entgegen, aber die nervösen, fahrigen Bewegungen ihrer Hände verraten ihre innere Erregung.

„Wenn der Mensch sich selber lässt, dann gibt es nur noch Gott und er erkennt, wie unbedeutend sein angestrengtes Tun unter des Regie des kleinen Ich ist. Er will mit dem göttlichen Willen verschmelzen und Gott durch sein Leben fließen lassen!

Sein Handeln ist so von Liebe durchdrungen, dass Moralvorschriften und Regeln genauso in den Hintergrund treten wie Furcht vor Strafe.

Dein Modell basiert auf einem strafenden Gott, der das Böse rächt und das Gute belohnt. Dieser Gott ist ein Zerrbild menschlicher Phantasien, ein Produkt der Krämermentalität, die dazu erzieht, zu messen, abzuwägen und zu beurteilen. Über dieses simple Denken geht die befreite Seele hinaus und öffnet sich neuen Erfahrungen.

Aber vielleicht behältst du recht, Justin! Vielleicht wird das vernunftorientierte Denken andere geistige Erlebnisse verdrängen oder sogar in Misskredit bringen.

Dann wird die Seinsweise, über die ich in meinem Buch sprach, in den Hintergrund treten, aber sie wird nie in Vergessenheit geraten, denn die Menschen, die über oberflächliche Formen von Frömmigkeit hinausgehen, beschreiten wie wir den Pfad der Befreiung. Sie werden dieses Buch spontan verstehen und es wird ihnen nützlich sein!"

Justin ist bei diesen Worten bleich geworden. Als er auf jede Entgegnung verzichtet und sich mit zusammengepressten Lippen und mit knappen Worten verabschiedet, versteht Marguerite, dass dieser Abschied endgültig ist.

Ihr Bruder kann oder will ihre abenteuerliche Entdeckungsreise nicht nachvollziehen, kann oder will jene Freiheit nicht zulassen, die weit ist wie der Himmel. Es ist, als sprächen die Geschwister plötzlich unterschiedliche Sprachen!

Erst jetzt bemerkt sie den Brief, den Justin achtlos auf den Tisch gelegt hat.

Sie hat Tränen der Rührung in den Augen, als sie das Dokument Gottfried von Fontaines überfliegt, in dem der renommierte Magister der Pariser Universität der Autorin des Buches Spiegel der einfachen Seelen einen „glühenden und starken Geist" bescheinigt.

Erleichtert atmet Marguerite auf! Mit der wohlwollenden Einschätzung von Frater Johannes, einem Minderbruder aus der Region, und der positiven Stellungnahme von Domnus Franco aus der Zisterzienserabtei Villers in Brabant verfügt sie jetzt über drei Approbationen angesehener Theologen. Damit ist der Weg der befreiten Seele anerkannt.

Kapitel 3: Beginenspiritualität

Odas freundliches Gesicht ist von Falten zerfurcht, aber die hellen, klaren Augen verleihen der Sprecherin des Konvents ein fast jugendliches Aussehen. Wie alt mochte sie sein?

Sie hat noch die Gründungsphase der Frauengemeinschaften miterlebt und liebt es, in Erinnerungen zu schwelgen und von jenen Zeiten zu erzählen, als die frommen Frauen noch respektiert und geachtet wurden, als die Bevölkerung noch zu ihnen pilgerte, um sich von ihnen Rat oder Heilung zu erbitten.

Ein empörter Ton schwingt mit, wenn sie von den Veränderungen der letzten Jahrzehnte spricht, in denen das öffentliche Ansehen der Beginen stetig zurückgeht. Man bringt den Frauen keine Anerkennung, keinen Respekt, keine Achtung mehr entgegen – stattdessen ernten sie Anklagen, Verleumdungen, Spott.

Die weißhaarige Alte musste schon vor einigen Jahren ihre Arbeit als Krankenpflegerin niederlegen und zeigt mit Stolz ihre kunstvolle Klöppelarbeit. Offensichtlich fällt ihr die Untätigkeit schwer.

„Als ich noch im Leprosorium außerhalb der Stadtmauern arbeitete, hatte ich wenig Zeit für häusliche Beschäftigungen. Jetzt aber, im Alter, beschäftige ich mich wie eine emsige Biene mit Spindel, Wolle, Nadel und Faden und lerne es endlich, richtig zu kochen," scherzt Oda, deren unverwüstlicher Humor die Gemeinschaft belebt. Ihr Sinn für die Komik des Lebens entlädt sich des öfteren in einem herzhaften, ungebärdigen, ganz und gar nicht greisenhaften Gelächter, das so ansteckend wirkt, dass sogar fromme, ehrwürdige Mitschwestern unfreiwillig die strengen Mundwinkel lockern.

„Du willst mehr über die frühe Epoche des Beginentums erfahren?

Nun, liebe Marguerite, als wissensdurstige Mitschwester bist du mir immer willkommen! Deshalb werde ich dir von einer außergewöhnlichen Frau berichten, die in den dreißiger Jahren lebte und die ich stets als mein Vorbild betrachtete."

Oda scheint einzuschlafen und ihre gebeugter Oberkörper sinkt nach vorne, ihre Augen sind geschlossen. Plötzlich richtet sie sich mit einem Ruck wieder auf, sieht Marguerite freundlich lächelnd an und fährt dann fort:

„Ihr Profil, ihr Schicksal, ihre meisterhaften Gedichte und Rundbriefe sagen mehr über unsere Geschichte aus als alle Dokumente, die in der Schreibstube langsam verstauben.

Hadewijch war Leiterin einer Beginengemeinschaft und sie knüpfte darüber hinaus ein verzweigtes Kontaktnetz mit geistig inspirierten Menschen.

Es waren Eremiten, Klausnerinnen, Nonnen und Beginen in Brabant und Flandern, in Thüringen und Böhmen, in Köln und in Paris. Hadewijch wollte zum gegenseitigen Erfahrungsaustausch über innere, meditative Erfahrungen anregen und verfasste selbst Rundbriefe, in denen sie ihre Visionen mit anderen teilte. Sie griff zur Versform, wenn die Begriffe der Alltagssprache zu begrenzt erschienen – das fiel ihr leicht, denn sie war im Minnesang hervorragend geschult und eine begnadete Dichterin."

Odas faltiges Gesicht nimmt einen verträumten Ausdruck an und wieder sinkt sie in sich zusammen. Das Licht der Morgensonne dringt beharrlich durch den Fensterspalt und zaubert einen tanzenden Lichtschein über ihren weißen Scheitel. Marguerite hält den Atem an und wagt es nicht, sich zu bewegen. Hat die alte Frau ihre Gesprächspartnerin völlig vergessen oder ist sie gar eingeschlafen?

Wieder geht ein Ruck durch Odas Körper – ein plötzlicher Erschöpfungszustand? Ein tiefes Nachdenken? Dann öffnen sich die Augen und die zittrige Stimme nimmt den Faden der Erzählung fehlerlos auf.

„Hadewijch war aus dem Nichts aufgetaucht, ein Niemand, scheinbar ohne Familie und ohne Angehörige. Sie sprach nie über ihre Herkunft.

Aber einige ihrer engsten Freundinnen waren in das sorgfältig gehütete Geheimnis eingeweiht: Sie entstammte dem Hochadel und ihre vornehme Familie wollte mit der abtrünnigen Tochter nichts mehr zu tun haben. Es war nicht standesgemäß, das höfische Leben in Überfluss und Luxus zu verschmähen und ein anspruchsloses, bescheidenes Leben gemeinsam mit anderen Frauen zu führen.

Aber auch in der Beginengemeinschaft fand sie kein Glück!

Es gab Intrigen, die vom angrenzenden Männerkloster ausgingen und Versuche, die Gruppe zu spalten, ja Hadewijch sogar auszuschließen! Ihre Bemühungen, Grenzen zu überwinden, sich mitzuteilen, mit anderen in Kommunikation zu treten, wurden von eifersüchtigen Kleingeistern als bedrohlich empfunden. Ein außergewöhnlicher Mensch wie sie wird selten von seinen Zeitgenossen geschätzt. Sie bekämpfen ihn, anstatt ihn zu achten und von ihm zu lernen.

In jenen Tagen, als offen gegen sie intrigiert wurde, erinnerte sich Hadewijch an eine frühe Prophezeiung, in der ihr Christus erschien und ihr ankündigte, sie werde unter den Menschen arm, heimatlos und verachtet sein. Und so deutete sie ihre leidvolle Isolation als Teilnahme an SEINEM Leiden, als Nachfolge Christi."

„Was ist aus ihr geworden?", fragt Marguerite verhalten, aber mit bewegter Stimme.

„Sie verschwand eines Tages spurlos. Jahrelang warteten wir auf ihre Rückkehr oder wenigstens auf ein Lebenszeichen und rätselten über den Grund ihres Verschwindens. War sie etwa zu ihrer Familie zurückgekehrt? Oder war sie in den Verdacht der Ketzerei geraten? Vielleicht musste sie untertauchen, irgendwo in der Anonymität verschwinden, um sich der Anklage zu entziehen.

Wir stellten Nachforschungen an, aber wie erfuhren die Wahrheit nie." Odas Stimme klingt kummervoll.

„Es spricht einiges für die Annahme, dass sie in Häresieverdacht geriet. Zu jener Zeit war ein Fanatiker namens Robert Inquisitor von Flandern und er wütete so grausam gegen vermeintliche Ketzer wie in Deutschland der berüchtigte Konrad von Marburg.

Nach einigen Jahren seiner Amtszeit musste er vom Dominikanerorden in Verwahrung genommen werden, denn es regten sich überall heftige Proteste gegen sein Treiben.

Man erzählte sich, Robert verdächtige mit Vorliebe das weibliche Geschlecht und arbeite mit Magie, um unschuldigen Frauen ein Geständnis abzupressen.

In unserer Nachbarstadt Cambrai wurde Adeleide von ihm wegen Giftmischerei und Häresie angeklagt. Sie war als fromme, wohltätige

Frau bekannt und genoss in der gesamten Region hohes Ansehen. Niemand konnte glauben, dass sie mit ketzerischem Gedankengut auch nur in Berührung gekommen war! Die Arme wurde dennoch verurteilt und starb im Februar 1236 auf dem Scheiterhaufen."

Oda blickt Marguerite an, deren Gesicht plötzlich erbleicht.

„Der Ketzer sei wie ein Wolf im Schafspelz, erklärten uns die Geistlichen.

Er sei bescheiden, höflich, freundlich und lege Frömmigkeit und ein tugendhaftes Verhalten an den Tag, um sein Bündnis mit dem Teufel nach außen zu tarnen. Nur der Inquisitor sei imstande, diese Scheinheiligkeit zu entlarven und dem Häretiker die Maske vom Gesicht zu reißen.

Vielleicht wurde auch Hadewijch von Robert bedroht, wer weiß!", seufzt Oda und ihr Gesicht legt sich in unzählige, kleine Falten.

„Wir haben versucht, wenigstens ihre Schriften zu retten. In unserer Schreibstube verfügen wir noch über einige Rundbriefe aus ihrer Hand. Außerdem haben wie Originaldokumente aus anderen Zentren kopiert. Es gibt manchmal auch den glücklichen Zufall, dass uns Pilger und Reisende, die im Hospital nächtigen, wichtige Schriften aus Flandern und anderen Teilen Frankreichs mitbringen. Eines ist klar: Die Botschaft Hadewijchs ist so wertvoll, dass sie nicht verloren gehen darf. Sie hatte machtvolle und klare Visionen und sie verstand es, diese in Worte zu kleiden, denn sie war als Dichterin und Sängerin außergewöhnlich begabt."

Jetzt kann Marguerite ihre Neugier nicht mehr zügeln. „Was war Hadewijchs Botschaft? Was lehrte sie?"

Oda lächelt fein. Sie bewegt tonlos ihre Lippen und es scheint, als wähle sie auf diese Weise die passenden Worte aus, dann antwortet sie bedächtig:

„Schon immer waren die Beginen auf der Suche nach der direkten Begegnung mit Gott. Sie suchen ihn nicht in der strengen Klausur eines Klosters, sondern im alltäglichen Sein, im aktiven Leben, in der Arbeit. Und sie wollen Gott nicht als weit entfernte Instanz sehen, sondern ihn als Freund, Bruder und Geliebten in ihr Leben integrieren.

Schwester Hadewijch ist bei dieser Suche sehr weit vorgestoßen. Sie gab Kunde von einem Zustand tiefster Versenkung, wo sich der Mensch vom göttlichen All – Sein nicht mehr getrennt fühlt. Die menschliche Begrenzung weicht der unendlichen Weite und Gott ergreift und transformiert das eigene Selbst. Es handelt sich um einen Auflösungsprozess, in dem das alte Ich stirbt, wo es sozusagen mit Gott verschmilzt.

Auf dieser Ebene des Erlebens scheinen sich Zeit und Raum aufzulösen und die sprachlichen Ausdrucksmittel versagen. Es gibt nur noch Zeugnisse hilflosen Stammelns, die uns fragmentarisch vermitteln, dass diese Dimension unbeschreiblich ist.

Wie keine andere Begine oder Nonne ihrer Zeit hatte Hadewijch die Gabe, dieses Erleben in Worte zu fassen und anderen zu vermitteln. Sie verzehrte sich zeitlebens nach dieser Einheit mit Gott und oft klagte sie über den schmerzhaften Rückfall in das Getrenntsein.

In der Intimität mit dem Einen sind
Diese Seelen rein und inwendig nackt,
ohne Vorstellung, ohne Gestalt,
wie befreit von der Zeit, ungeboren,
losgelöst von ihren Grenzen
in der stillen Weite."
Oda hat das Gedicht mit leiser Stimme rezitiert.

Nie zuvor hat Marguerite Worte gehört, die so eindringlich und bewegend zu ihrem Herzen, nicht so sehr zu ihrem Verstand sprachen! Sie ist von dieser Erfahrungsebene fasziniert und folgt den Erzählungen der alten, zahnlosen Frau mit atemlosen Spannung.

Wieder scheint Oda ganz in ihren Erinnerungen zu versinken, dann richtet sie sich erneut ruckartig auf und ihre klaren Augen blicken die gebannt lauschende Zuhörerin freundlich an:

„Als Krankenpflegerin gehörte ich zu den „tätigen" Beginen, das heißt, dass mein Schwerpunkt in der praktischen Arbeit lag. Ich beschäftigte mich weniger als andere Mitschwestern mit den feinen Verästelungen kontemplativer Erfahrungen.

Aber auch ich weiß, dass es Momente gibt, wo sich die Grenzen auflösen, wo das Ich stirbt und wo die Schranke zwischen Gott und der Seele dahinschmilzt.

Bei meiner Tätigkeit begegnete ich unzählige Male dem Blick leidender und bedürftiger Menschen und ich sah darin Schmerz, Wut, Enttäuschung, Ungeduld und Scham.

Manchmal aber, in einem seltenen, unendlich kostbaren Moment, blickte mich Christus selbst an und ich verstand, dass ich als Helfende nicht von dem Kranken getrennt bin. Sein Leiden ist mein Leiden, es ist unser menschliches Leid. Durch diese Erfahrung in der praktischen Tätigkeit wusste ich, was Verschmelzung oder Nichtgetrenntsein bedeutet."

„Gibt es in der Tradition der Beginen eine Überlieferung, die erklärt, wie man in diesen Zustand der Vereinigung mit Gott gelangt?", fragt Marguerite wissbegierig.

„Fürwahr eine schwierige Frage!", entgegnet Oda nachdenklich.

„Die Wege der Sucherinnen sind unterschiedlich und es fällt mir schwer, darauf eine eindeutige Antwort zu geben.

In einem aber stimmen alle Visionärinnen überein: Es ist die Kraft der Liebe, die eine radikale Transformation einleitet. Wer die umwälzende Intensität der Liebe in sich zulässt und bejaht, kann auch die höheren Stufen der Kontemplation beschreiten.

Die Beginen schätzten stets die Liebe höher als den Weg der Beweise und den Weg der vernunftgemäßen Erkenntnis und sie beharrten allen Tendenzen unserer Zeit zum Trotz auf dieser Priorität.

Die Schönheit der Minne hat sie einverleibt,
die Kraft der Minne verzehrt,
die Macht der Minne umschlungen,
die Noblesse der Minne umhalst,
die Reinheit der Minne geschmückt,
die Hoheit der Minne emporgezogen
und so in sich geeinigt,
dass sie ganz und gar Minne sein muss...

Ich habe mir einige Gedichte eingeprägt, nicht nur, um mein unzuverlässiges Gedächtnis zu trainieren, sondern auch, weil ich selbst nicht in der Lage bin, so treffende Worte zu finden.

Diese Minneverse stammen allerdings nicht von Hadewijch, sondern von Beatrijs."

„Wer war Beatrijs?"

„Eine Zisterziensernonne, die in ihrer Jugend von Beginen ausgebildet wurde und später mehr als dreißig Jahre lang als Priorin das Kloster Nazareth leitete. Sie ist die Autorin des „liber vitae", eines spirituellen Tagebuchs, das die Prozesse beschreibt, die der Geist bei seiner Begegnung mit Gott durchläuft.

Der Text wurde von einem Mönch ins Lateinische übertragen und dabei an vielen Stellen gekürzt oder korrigiert, weil der Übersetzer befürchtete, das Original könnte Schaden stiften."

„Das verwundert mich", ruft Marguerite mit lautstarker Entrüstung aus. „Wie kann das spirituelle Tagebuch einer erfahrenen Priorin Schaden stiften?"

„Vermutlich beargwöhnte der Mönch die Passagen über die Liebeseinheit mit Gott. Der direkte Kontakt mit IHM und die Suche nach Gott in der eigenen Seele ist den Vertretern der Kirche sehr oft suspekt! Sie sagen, der direkte Weg sei voller Gefahren. Wie leicht sei ein gutgläubiger Laie durch teuflische Verführungskünste hinters Licht zu führen! Er mag naiv an eine göttliche Eingebung glauben, folgt aber in Wirklichkeit den Einflüsterungen des Teufels.

Und viele Geistliche behaupten sogar, dass diese Liebeseinheit mit Gott unmöglich sei und einer anmaßenden, selbstherrlichen Haltung entspringe. Der Gläubige solle den Geboten der Kirche folgen, dies sei genug! Kontemplation wird in den Klöstern, nicht auf der Straße praktiziert, sagen sie. Dieses Thema gehört zu den umstrittensten Problemen unserer Zeit."

Oda seufzt sorgenvoll, bezeichnet sich daraufhin als „alte, geschwätzige Geschichtenerzählerin" und als sie sich mühsam erhebt und in Richtung Küche schlurft, bedauert Marguerite das Ende diese Gesprächs zutiefst. Nun aber ist ihre Neugier entfacht. Sie will mehr erfahren! Sofort bricht sie auf, um in der Schreibstube die Dokumente zu sichten, die noch der Frühphase des Beginentums entstammen.

Dabei kreisen ihre Gedanken um die Fragen, die Odas Bericht in ihr aufgeworfen hat: Wie haben es die Frauen aus der Generation ihrer Großmütter geschafft, eine neue Lebensform durchzusetzen, die vorher nicht existierte? Warum traten sie nicht in ein Kloster ein? Wie lebten sie? Was dachten und fühlten sie?

Die Schreibstube ist das Reich der Kopistin Anna, die wenig begeistert scheint über Marguerites plötzliches Eindringen in ihre Oase der Ruhe und der Beschaulichkeit. Sie verbringt täglich mehrere Stunden am Schreibpult, ganz vertieft in das Pergament, das sie gerade bearbeitet und achtet energisch darauf, dass die eintönige Schreibstubenatmosphäre nicht gestört wird. Konzentration und Anstrengung sind nur an ihrer Zunge ablesbar, die unablässig um ihre Mundwinkel spielt – ein unbewusster Tick, der ihr ein etwas einfältiges Aussehen verleiht.

„Du sprühst Funken!", rügt sie gleich zu Beginn ihre ungestümere Mitschwester, die sich temperamentvoll anschickt, die Geheimnisse der Schreibstube zu erkunden. Wie in Stein gehauen sitzt sie hinter Federkiel, Tintenhorn und Bimsstein und bedenkt den unruhigen Eindringling mit einem tadelnden Blick.

Marguerite, die sich nach dieser Ermahnung kaum mehr zu rühren wagt, nähert sich aus einem inneren Zwang heraus zielstrebig den Schriften Hadewijchs. Als sie die gesuchten Pergamentseiten aufs Geradewohl aufschlägt, stockt ihr der Atem. Sie empfindet Nähe und Distanz, Vertrautheit und Respekt, will sich nähern und gleichzeitig entfliehen – eine Welle diffuser, zwiespältiger Gefühle überrollt sie plötzlich.

Wie vertraut ist ihr diese Frau, die Oda so hervorragend charakterisiert hat, aber wie ehrfurchtgebietend und einschüchternd wirken andererseits ihre Fähigkeiten und der hohe Entwicklungsstand ihrer Seele!

Gott verschlinge dich in sich,
wo die Tiefe seiner Weisheit ist.
Dort wird er dich lehren, was er ist
Und wie wunderbar süß ein Lieb im andern wohnt
Und gänzlich das andere durchdringt,
so dass sich keines vom andern unterscheidet.
Sie verkosten einander Mund an Mund
Leib an Leib und Seele in Seele,

indem EINE göttliche Natur beide durchströmt
und sie beide eins in sich selber sind.
Und eins werden sie bleiben, ja bleiben.

Marguerite gerät plötzlich in einen merkwürdig traumhaften Zustand. Sie weiß nicht, ob es die Worte der geheimnisvollen Hadewijch sind, die so leibhaftig und sinnlich die Begegnung mit Gott schildert, oder ob die beklemmende Stille in dieser Schreibstube auf ihr Gemüt wirkt.

Sie steht am Schreibpult und betrachtet das klare, pedantisch genaue Schriftbild, unverkennbar ein Original, denn es unterscheidet sich deutlich von den ungelenkeren Abschriften. Und dann erblickt sie eine hochgewachsene Frau, die in aufrechter und würdevoller Haltung vor ihr steht. Eine Vision? Hadewijch?

Marguerite vergisst fast das Atmen. Die visionäre Gestalt nähert sich, als wolle sie eine Mitteilung machen oder eine Botschaft überbringen. Sie sagt mit eindringlicher Stimme:
Wenn der Seele nichts mehr zu eigen ist,
wenn sie nur noch nach Gottes Willen leben will,
wenn sie ganz zunichte geworden ist –
dann wird die Seele dasselbe, was ER ist.

Plötzlich ist die Erscheinung verschwunden. Marguerite blickt verstohlen um sich. Alles ist wie vorher: Hier steht das Schreibpult und dort sitzt Anna noch immer wie in Blei gegossen auf ihrem Platz. Sie hat offenbar nichts bemerkt.

Marguerite schüttelt sich, reibt sich verstohlen die Augen und versucht, ihre Emotionen durch vernünftigen Gedanken zu beschwichtigen:

Nach der mitreißenden Erzählung der alten Oda hat sie sich so intensiv in die Gedankenwelt und in die Lebensgeschichte der Schwester Hadewijch vertieft, dass ihre Phantasie ein Bild entstehen ließ und ihr vorgaukelte, diese Gestalt spräche zu ihr. Ja, so wird es wohl gewesen sein!

Marguerite glaubt nicht an übersinnliche Erscheinungen. Bis zu diesem Tag waren ihr Erfahrungen, in denen sich Realität und Imagination vermischen, ausgesprochen fremd.

Und dennoch! Marguerite hat diese Frau deutlich vor sich gesehen, sie hat eindeutig ihre tiefe, leicht schwingende Stimme gehört.

„Ohne Erfahrung kann der Mensch nichts sicher wissen!" wiederholt sie halblaut den Leitspruch ihres verehrten Lehrers und bei diesen Worten scheinen ihr plötzlich Wurzeln zu wachsen, die sich kraftvoll im Boden verankern. Nun wurde sie unversehens mit einem Erlebnis konfrontiert, das mit dem logischen Instrumentarium des Verstandes nicht zu erfassen ist.

Sie geriet plötzlich in eine Dimension, die sich jeder rationalen Erklärung entzieht!

Soll sie starr vor Angst behaupten, all das habe nicht stattgefunden? Soll sie vor dieser Ebene feige davonlaufen, weil ihr der Boden des sicheren Erfahrungswissens stabiler erscheint? Soll sie Inspiration und Eingebung verleugnen und sich in den sicheren Hafen der Vernunft retten?

Marguerite schüttelt den Kopf.

Letztendlich hat die imaginäre Gestalt eine Antwort auf die Frage gegeben, die Marguerite seit ihrem Gespräch mit Oda tief bewegt: Welche Stufen durchwandert die Seele auf dem Weg zur Vereinigung mit Gott?

Hadewijch (zweifellos war sie es und keine Ausgeburt der Hölle!) hat darauf geantwortet, dass sich die Seele dem Willen Gottes beugen, ja sogar ganz zunichte werden müsse. Will sie die Aufmerksamkeit Marguerites auf diesen entscheidenden Schritt lenken? Will sie hervorheben, dass alle Frömmigkeitsübungen geringfügig sind im Vergleich zur völligen, bedingungslosen Hingabe an den göttlichen Willen? Will sie mitteilen, dass nur so das Stadium der Verschmelzung mit Gott zu erlangen ist? Als sich Marguerite von diesem Schrecken erholt hat, greift sie nach einem der anderen staubigen Pergamente, die sich in der Schreibstube stapeln.

Eine der frühesten Beginen war Marie von Oignies, die als Vierzehnjährige verheiratet wurde und zusammen mit ihrem Gatten ihren gesamten Besitz an die Armen verschenkte. Danach führte sie in der Nähe eines Augustinerklosters ein asketischen Leben und förderte und beriet einen jungen Priester, der später Volksprediger und Bischof von Akkon wurde. Jakobus von Vitry schrieb nach dem Tod Maries im Jahre 1213 ihre Vita nieder und erreichte, dass Papst Honorius III ein Dekret erließ, das den frommen Frauen das Zusammenleben gestattete.

„Die kleine Arme Christi" Marie beschrieb ihre Begegnung mit Gott als vollkommene Ruhe bewegungslos im alles umfassenden Vergessen. Hat sie dieser tiefen Erfahrung Reichtum, Wohlstand und Ansehen geopfert?

„Alles umfassendes Vergessen", wiederholt Marguerite halblaut, fängt aber Annas strengen Blick rechtzeitig auf und verstummt.

Sie liest daraufhin mit großer Bestürzung die außergewöhnliche Lebensgeschichte der Christine von St. Trond. Christine verlässt als junge Frau ihr Elternhaus, um in den Wäldern zu leben. Die gesamte Familie schämt sich ihrer, holt sie zurück und legt sie in Eisenfesseln. Die Tochter schafft es, sich zu befreien und kann entkommen. Man hält sie für besessen und heuert einen Schläger an, der ihr das Schienbein bricht. Wieder gelingt es Christine, trotz der schweren Verletzungen zu entfliehen. Sie soll wie ein Vogel in den Wäldern gelebt und ihre Wunden selbst versorgt und geheilt haben! Sie erlebte Entrückungszustände, in denen sie sich unablässig drehte wie ein Kreiselspielzeug oder in Totengrüfte stieg. Oder sie wälzte sich im Feuer und ertrug bei winterlichen Temperaturen unbeschadet eiskaltes Wasser.

„Eine Gratwanderung am Rande des Wahnsinns", murmelt Marguerite beklommen und schüttelt den Kopf, ohne den missbilligenden Blick der Kopistin zu bemerken.

Ob Christine wirklich fähig war, die Leiden der Seelen im Fegefeuer zu sehen und nachzuempfinden? Der Vitenschreiber, Thomas von Cantimpre, vermutete dies.

War es der Geist Gottes, der Christine umtrieb, oder war es ein Dämon, der von ihr Besitz ergriffen hatte? Ein Pfarrer beschwor die „Besessene", ihre Familie hielt sie gefangen.

Sie war mit der Zisterzienserin Lutgard gut bekannt, trat selbst aber nie in ein Kloster ein. Offensichtlich war sie eine Einzelgängerin, die Grenzerfahrungen suchte und erst gegen Ende ihres Lebens zur

Ruhe kam: Endlich war die skeptische Umwelt von ihrer Heiligkeit überzeugt und deutete ihr außergewöhnliches Verhalten nicht länger als Besessenheit. Man begrub sie im Sankt Katharinenkloster in St. Trond und nannte sie wegen ihrer legendären Wundertaten Christine mirabilis, Christine, die Wunderbare.

Im Lauf ihrer Studien muss Marguerite mit Überraschung feststellen, dass die Zahl der Laien, die bereit waren, sich der geistigen Welt und der religiösen Praxis zu widmen, in diesem dreizehnten Jahrhundert enorm angewachsen ist. Sie verzichteten auf Ehe und Familie wie beispielsweise Ida, die heimlich aus dem Fenster ihres Elternhauses stieg, um ihrer Verheiratung zu entgehen. Die junge Frau rettete sich ins nahegelegene Beginenhaus, wo sie ihre Ausbildung erhielt und trat dann in ein Zisterzienserinnenkloster ein. Waren die großen Beginenhöfe eine Antwort auf diese Welle der Religiosität, die neue Ausdrucksformen suchte und das alltägliche Leben ergriff ?

Als sich Marguerite in den folgenden Wochen regelmäßig in der Schreibstube einfindet, um ihre Studien fortzusetzen und ihre Ergebnisse sorgfältig niederzuschreiben, drängt sie den breiten Strom intuitiver Einsichten und machtvoller Bilder nicht mehr zurück. Manchmal scheinen diese Gebilde einer Traumlandschaft zu entstammen; sie vermischen sich miteinander wie die Farben eines Aquarells, lösen sich wieder auf und konkretisieren sich als Worte, die wie glasklare Tropfen in die Stille fließen.

Allmählich löst sich die Angst vor dem Unbekannten auf und sie entwickelt ein tiefes Vertrauen in die innere Stimmigkeit dieses Prozesses.

An manchen Tagen vergisst sie sogar die Zeit und weiß hinterher nicht mehr, wie lange sie schreibend am Pult gesessen hat. Sie sieht etliche, eng beschriebene Pergamentblätter vor sich, wagt aber erst nach einer kurzen Ruhepause, das Geschriebene zu lesen. Dann ist sie überrascht von der poetischen Schönheit der Texte, die sich mitunter von grammatischen und logischen Regeln lösen, nie aber ihre Klarheit und Tiefe verlieren. Die Seele durchwandert das Meer und lässt ihren Willen in den Wogen zurück, um schließlich durch das Mark der Zeder einen Vorgeschmack von ihrer wahren Heimat, dem ursprünglichen Land ihrer Sehnsucht und ihres Strebens zu erhalten.

Die einzelnen Teile fügen sich zusammen wie die Steine eines Mosaikbildes und zeigen in aller Deutlichkeit den siebenstufigen Entwicklungsgang der Seele bis hin zum befreiten Zustand, zur Liebeseinheit mit Gott. Die Vernunft begleitet mit bohrenden Rückfragen und weit ausholenden Kommentaren die Seele auf diesem Weg und sorgt meist unfreiwillig für Erheiterung. Verkörpert diese Vernunft, die alles erklären, beschreiben, bemessen und analysieren will, die ehrgeizige, jugendliche Bürgertochter, die es gelernt hat, sich couragiert ihres Verstandes zu bedienen? Noch immer fühlt sich Marguerite zuweilen von Hemmungen und Selbstzweifeln gequält und eine unerklärliche Scheu hindert sie, mit anderen über ihre Aufzeichnungen zu sprechen. So wartet sie, bis das Gesamtergebnis vorliegt und zieht dann Oda ins Vertrauen, ohne der erfahrenen Begine die merkwürdige Entstehungsgeschichte der Texte zu verschweigen.

Unzählige, knittrige Falten zeigen sich auf Odas freundlichem Gesicht, als sie Marguerite rät, ihre Bedenken kurzerhand über Bord zu werfen.

„Als du dich unserem Konvent angeschlossen hast, warst du offen für neue Erfahrungen. Es ist sehr gut möglich, dass dich deine empfängliche, erwartungsvolle Haltung zu Erkenntnissen führte, die üblicherweise nicht so leicht zugänglich sind.

Freue dich über diese Botschaften, die nicht deiner Denktätigkeit entspringen, sondern den tieferen Schichten deines Gemüts! Genieße die neue Freiheit! Erfreue dich deines offenen Herzens!" Die betagte Begine hängt eine Weile ihren Gedanken nach, dann ergänzt sie in entschiedenem Ton:

„Vielleicht betrifft dieser Entwicklungsgang der Seele nicht nur dich allein? Vielleicht ist er ein Spiegel seelischer Bewusstseinsstufen überhaupt? Dann sind diese Texte auch für andere hilfreich und du solltest uns daran teilhaben lassen! Verbringe deine Tage nicht länger in der Schreibstube! Nach einem Höhenflug in die Dimension des Geistes ist es wichtig, sich wieder im alltäglichen Leben zu verankern und wieder die Erdenschwere zu spüren. Die Gemeinschaft wird dir dabei helfen."

Wie tröstlich sind diese Worte!

Als sich die Texte zu einem Buch zusammenfügen, das den Entwicklungsgang der Seele in sieben Seinsweisen nachzeichnet, reift in Marguerite langsam die Überzeugung, dass sie nur Mittlerin ist. Nicht sie selbst ist Schöpferin dieses Buchs. Es ist eine göttliche Botschaft.

Kapitel 4: Macht und Magie

Ein kühler Wind fährt durch die mächtigen Tannen. Allmählich verblassen die letzten Strahlen der Sonne und zaubern ein malerisches Licht- und Schattenspiel um das Lager, das die bunt gekleidete Schar in einer Lichtung aufgeschlagen hat. Lucien schichtet ein Bündel dürrer Holzzweige unter einen Baum, dann hält er inne, um die Farbenpracht der untergehenden Sonne zu betrachten. Er gönnt sich immer wieder diesen Moment der Muße am Abend, denn dann vergisst er sich selbst, lässt den Tag hinter sich, schwelgt versonnen und hingerissen in den leuchtenden Bildern, die sich am Himmel zusammenballen und in Sekundenschnelle wieder auflösen.

Noch nie hat er sich so befreit, so unbeschwert gefühlt wie jetzt, im Kreis der Schauspieler, die gemächlich durch den halbdunklen Wald streifen, um Tannenzweige und trockene Holzscheite zu sammeln, denn allmählich spüren die müden Reisenden die kriechende Kälte der Nacht. Sie haben schon den Steinkreis am Wegesrand vorbereitet und bald werden sie in dessen schützenden Mulde ein prasselndes Feuer entfachen.

Man ermuntert sich gegenseitig durch Zurufe und Späße, denn jeder Abend ist es wert, in lockerer Stimmung lautstark gefeiert zu werden – auch wenn der Planwagen im schlammigen Waldboden festgefahren ist oder die müden Pferde den Dienst verweigern. Und wie stets werden sich die Geschichtenerzähler, die Aufschneider, die Tänzer und Gaukler um das wild auflodernde Feuer scharen und ihre Einfälle zum Besten geben – spontane Ideen, die emporschießen, als wollten sie wetteifern mit den sprühenden Funken. Manche werden sofort verglühen wie ein tanzendes Irrlicht, andere werden glimmend weiterleben im Gedächtnis der versammelten Künstler und vielleicht eines unerwarteten Tages um sich greifen wie ein Flächenbrand. Niemand kann vorhersagen, wann ein künstlerischer Impuls zu einer festen Form gerinnt, in der sich viele Menschen wiedererkennen, der sie zur Handlung treibt und der sie glücklicher macht. Deshalb ist jeder zufällige Anstoß bedeutsam, jeder flüchtige Gedanke ist ein verwunschenes Juwel, jeder Geistesblitz ist ein gefallener Weisheitsstern, jede Spur führt zur Himmelsleiter.

Was wäre ich ohne diesen dynamischen Austausch hellwacher Köpfe, die denken, fühlen, mit allen Sinnen wahrnehmen und das Leben in vollen Zügen genießen?, denkt Lucien wehmütig. Sie reden nicht von Askese und dennoch verzichten sie, sie reden nicht vom Fasten und dennoch hungern sie, sie frömmeln nicht und sind dennoch der göttlichen Schöpfungskraft so nahe!

Er lehnt sich an den Stamm einer Tanne, atmet tief den herben, modrigen Geruch des Holzes und erinnert sich mit Distanz an die scholastischen Wortspiele und die Kopflastigkeit der Pariser Theologen. Wie froh er ist, von Zeit zu Zeit der Universität entfliehen zu können!

Zuerst war das Studium für ihn ein reizvolles Spiel; er liebte die labyrinthähnlichen Gedankengänge der Scholastiker, die sich blitzartig erhellten durch das Licht der Vernunft. Doch mit der Zeit erlahmten Eifer und Begeisterung, denn er fühlte sich zunehmend abgeschnitten vom warmen, pulsierenden Leben. Seine Gedanken konzentrierten sich auf Formeln, auf Denkgebäude, die wie windige Hütten oder Luftschlösser darauf warteten, vom nächsten Sturm davongetragen zu werden.

Nach einer Weile beobachtete der Student die bewunderten Magistri der Universität mit kritischer Distanz: War ihre wissenschaftliche Arbeit nützlich? Hatte sich ihr Leben gelohnt? Wenn er es wagte, diese Frage laut zu stellen, was würden sie antworten? Vermutlich würden sie Aristoteles oder Platon zitieren und eine gelehrte Sentenz hinzufügen, aber ihr persönliches Schicksal, ihre individuelle Lebensgestaltung, ihre jeweilige Problembewältigung blieben auch weiterhin ein Schloss mit sieben Siegeln.

Dann bot sich unversehens eine neue Gelegenheit: Er entdeckte sein Talent als Stückeschreiber und als ihm eine berühmte, aber chaotische Pariser Truppe die Zusammenarbeit anbot, wurde er selbst das, wovon er heimlich schon immer geträumt hatte: ein wandernder Poet.

Seitdem liebt es der Theologiestudent, die sichere Zivilisation zu verlassen, um tief Luft zu holen in einer Atmosphäre von Freiheit und Abenteuer. Und hier und jetzt, an einem wundervollen Abend in Frankreichs Zentralmassiv, an einen knorrigen Stamm gelehnt, dessen widerspenstiges Rindengeflecht Spuren auf seiner einfühlsam tastenden Hand hinterlässt, kommt ihm ein merkwürdiger Gedanke:

Sind diese mühseligen, anstrengenden Reisen nicht Teil eines wagemutigen, großherzigen Teils seiner Persönlichkeit? Ist der zurückhaltende, schweigsame Pariser Lucien nur eine trügerische Maske, die den wahren Kern verbirgt? Wer bin ich wirklich? Was ist mein wahres Ich?, fragt er in die Nacht hinein, so als könne ihm der Sternenhimmel die Antwort geben.

Seine Augen folgen der grauen Silhouette der Wipfel, die zum Himmel ragen wie die Türme eines gewaltigen Doms. Wir sind Teil dieser majestätischen Natur, sinniert er traumverhangen. Aber wir fürchten sie und behandeln sie wie unseren Todfeind. Wieder tastet er nach den Einkerbungen der Baumrinde und lässt sich dankbar auf den moosbewachsenen, mächtigen Wurzeln nieder, deren Lebenskraft seinen Körper sachte und unendlich sanft umarmt.

Natürlich weiß er sehr genau, dass diese Grenzerfahrung im nächtlichen Wald nur mit der Truppe möglich ist, die keine Angst kennt, die dem Heulen der Wölfe und den Gefahren der Wildnis trotzt und die sich zudem auf den geschickten Umgang mit begehrlichen Räuberbanden versteht. Mitunter bietet man den umherziehenden Habenichtsen großzügig Geschenke und einen kräftigen Umtrunk und schreckt nicht davor zurück, mit diesen finsteren Gestalten den Lagerplatz zu teilen. Wenn es darum geht, mit List, Witz und Tücke Gefahren zu entgehen, die Pläne der Wegelagerer zu vereiteln und die eigene Haut zu retten, ist der Erfahrungsschatz umherwandernder Schauspieler schier unerschöpflich!

Inzwischen sind die letzten Lieder und Gespräche verstummt und die Reisenden haben sich einen bequemen Schlafplatz rings um das Feuer gesucht. Zu später Stunde lodern die Flammen nicht mehr wild empor, sondern fressen sich langsam an den feuerroten, glühenden Stämmen entlang. Es gibt nur noch die rauschende Begleitmusik der Tannen und das leise Knistern des Feuers.

Lucien stochert gedankenverloren in der Glut. Ihm gegenüber hat sich die Jongleurin niedergelassen, die mit wachen, geweiteten Augen ins Feuer starrt.

Er kann sich nicht erinnern, mit dieser eigenartigen Frau jemals ein längeres Gespräch geführt zu haben, ja er hat sie anfangs sogar für stumm gehalten. Erst allmählich bemerkte er die scheuen Gunstbezeigungen, die sie ihm wortlos zukommen ließ: Er entdeckte auf seinem Teller einen zusätzlichen Leckerbissen, wenn sie das Essen verteilte. Er fand an seinem Platz eine wärmende Decke vor, wenn er fröstelte. Diese verstohlenen Dienste stimmten ihn verlegen und so blieb er stets unbeteiligt und gab vor, nichts bemerkt zu haben.

Am meisten erstaunte ihn aber, dass die Jongleurin die Stücke, die er gerade verfasste, zu kennen schien. Sie warf ihm Stichworte zu, die seine Dialoge ergänzten, oder führte leidenschaftlich pantomimische Szenen vor, die den Geschöpfen seiner Phantasie plötzlich Leben und Bewegung verliehen. Las sie etwa heimlich seine Aufzeichnungen?

Das absonderliche Aussehen der Frau rührte und beängstigte ihn gleichzeitig, besonders bei öffentlichen Aufführungen, wenn sich das Publikum zu ironischen Zwischenrufen über den gestählten, muskelbepackten Körper der Jongleurin hinreißen ließ. Dann fühlte er sich peinlich berührt. Diese Frau bot ihre artistischen Künste, ihre mangelnde Weiblichkeit, ihre kuriose Erscheinung den derben, taxierenden Blicken der Zuschauer dar. In der Tat ähnelte ihre Statur eher der eines Athleten und sogar ihr sonnengegerbtes Gesicht wies die kantige, entschlossene Willensstärke eines Mannes auf. Sie lächelte selten und lachte kaum. Was ging hinter ihrer sommersprossigen, von der Sonne verbrannten Stirn vor?

Besonders ausdrucksstark und auffallend waren ihre Augen, die grüngrau schimmerten und in Sekundenschnelle ihren Ausdruck veränderten. Sie schienen die Schutzbarrieren der Mitmenschen zu durchdringen und einzutauchen in den Grund der Seele. Kam man sich nicht durchschaut, erkannt und in seinem tiefsten Wesenskern getroffen vor?

Es war dieser durchdringende Blick, der Lucien verunsicherte, der ihn sogar in Angst versetzte, so dass er mit Bedacht jeden Blickkontakt mied.

Nun aber sitzt er dieser Frau gegenüber und schrickt auf, als er ihre helle, klare Stimme vernimmt. Sie spricht nicht laut, eher flüsternd, um die Schlafenden nicht zu wecken. Über das knisternde Feuer hinweg kann er ihre leise Stimme nur mit Mühe verstehen. Sie will über ihr Leben sprechen, ihre Geschichte erzählen ... Hat er sie richtig verstanden? Verlegen unterdrückt Lucien ein Gähnen, dann nickt er zustimmend, umkreist das Feuer und setzt sich mit respektvoller Distanz an ihre Seite.

Als Kind von etwa fünf Jahren schon litt sie unter ihrer Gabe – sie sah immer wieder Bilder zukünftiger Ereignisse vor ihrem inneren Auge. Besonders schmerzlich war dies, wenn sie Todesfälle oder Katastrophen vorhersah, denn dann fühlte sie sich mitschuldig und kam nicht mehr zur Ruhe. Sie sah das brennende Haus des Nachbarn, bevor es in Flammen aufging, sah die Schwester auf dem Krankenbett, träumte von neuen Kontinenten hinter dem Meer und von riesigen Donnervögeln, die sich in die Lüfte erhoben. Wenn die Visionen eintrafen, wusste sie, dass sie vom Schöpfer mit einem schrecklichen Talent ausgestattet war – wenn sie Hirngespinste blieben, wie im Falle der mächtigen Donnervögel, dann seufzte sie vor Erleichterung. Vielleicht aber waren auch sie Vorboten einer ferneren Zukunft? Diese traumartigen Bilder scherten sich nicht um Raum oder Zeit!

Sie entstammte einer armen Handwerkerfamilie, die den Prophezeiungen des Kindes keinen Glauben schenkte. Man verbarg sie vor den Menschen, wenn sie begann, wirres Zeug zu reden und sperrte sie in eine enge, stickige Kammer, wo es nur das Notwendigste zu essen gab. Befürchteten die Eltern, das Mädchen sei von einem bösen Geist besessen?

Manchmal, wenn sie wieder von der Fülle der Bilder heimgesucht, wenn sie von der Strahlkraft der Träume und der Macht intensiver Innenschau überwältigt wurde, befürchtete sie, nicht mehr Herr ihres Verstandes zu sein. In dieser häuslichen Umgebung, geprägt von Misstrauen und Angst vor ihrer seltsamen Gabe, wurde sie schweigsam und hörte eines Tages ganz auf, über ihre beunruhigenden Visionen zu sprechen.

Die Jongleurin ergreift einen Ast und stochert in der Glut. „Tarnt sie so ihre Verlegenheit? Oder versucht sie, ihre Erinnerungen zeitlich zu ordnen?", fragt sich Lucien. Im Licht der aufscheinenden Flamme kann er für einige Sekunden den ernsten, fast angespannten Ausdruck ihres Gesichts wahrnehmen.

„Ich war halb verhungert, einsam und lebensmüde, denn die krampfhafte Bemühung, so zu sein, wie die anderen Mädchen meines Alters, verzehrte all meine Kräfte. Von Zeit zu Zeit kam ein Schausteller durch unseren Ort, der sich merkwürdigerweise für mich und mein Elend zu interessieren schien. Er verwickelte mich in Gespräche, stellte Fragen, überbrachte kleine Geschenke. Ich achtete nicht auf die Warnsignale, die ich damals immer wieder erhielt, denn zum ersten Mal schenkte mir ein Mensch seine Zuwendung."

Wieder stochert die Jongleurin in der Glut. Einige Funken erhellen kurz die scharf gezeichneten Umrisse ihres Gesicht, genug für Lucien, um mit Betroffenheit zu erkennen, dass ein bitterer Zug die Mundwinkel der Jongleurin umspielt.

„Als er meinen Eltern vorschlug, mir auf einer Wanderfahrt eine Ausbildung als Artistin angedeihen zu lassen, wehrte ich mich nicht und verließ mein Elternhaus ohne Bedauern. Ich trainierte pausenlos und trotz der körperlichen Strapazen gewöhnte ich mich an diese Arbeit unter ärmlichsten Verhältnissen, ja mehr noch – ich bekam ein Gefühl für die starke Energie in meinem Körper und errang Überlegenheit, Selbstbeherrschung, Unangreifbarkeit. Ich überwand Kälte und Hunger, überschritt die Grenzen körperlicher Bedürfnisse und manchmal überkam mich ein rauschähnlicher Zustand, in dem ich wusste: Alles ist möglich! Jetzt bin ich kein hilfloses Wesen mehr! Ich hatte das Bewusstsein meiner Stärke entdeckt.

Der Schausteller war als Magier bekannt. In allen Dörfern und Städten erwarteten uns Menschen, die von seiner Beratung abhängig waren wie Trunkenbolde von der Flasche. Er war gerissen und verstand es, den Menschen das Geld aus der Tasche zu ziehen. Zuweilen widerfuhr ihm das Missgeschick, dass seine Prophezeiungen nicht eintrafen – dann änderten wir unsere Route und mieden alle Gegenden, in denen das Gerücht von seiner falschen Vorhersage durchsickerte.

Er war ein abstoßender Geselle, der im Übermaß dem Wein zusprach und der auch mich zum Trinken verführte. Wenn ich abends mit ihm zechte, konnte ich nachts endlich ohne quälende Visionen schlafen. Die körperlichen Anstrengungen tagsüber und anschließend der Wein versetzten mich in einen todesähnlichen Schlaf, aus dem ich nur selten kurz erwachte. Dann schien es mir, als bewege sich eine schattenhafte Gestalt im Zimmer. Blitze durchzuckten den Raum, aber ich kam nicht zu Bewusstsein und vergaß sehr schnell wieder dieses Traumgeschehen. Am folgenden Morgen war mein Kopf schwer, meine Kehle verbrannt, mein Gedächtnis leer.

Diese nächtlichen Erlebnisse waren anders als die mir vertrauten Visionen, die mich in meinem Elternhaus so gequält hatten. Hatte ich die Gabe der Vorausschau verloren? Nachts zehrte etwas an meinen Kräften, das mich innerlich aushöhlte. Allmählich gewann ein Gefühl abgrundtiefer Verlassenheit die Herrschaft über mein Gemüt. Keine Hoffnung mehr. Keine Kraft mehr. Alles schwand dahin. Was geschah mit mir?

Trotz schwindender Energien setzte ich mein Körpertraining fort, so gut ich konnte. Verzweifelt bemühte ich mich, die Erfahrung von Stärke und Unangreifbarkeit wiederzuerlangen – umsonst. Der lange, todähnliche Schlaf lähmte mich und wirkte auch tagsüber nach. Es war, als dringe nachts eine schmerzhafte, dunkle Substanz in meinen Organismus, die mich von innen zugrunde richtete und meine Willenskraft tückisch und schleichend zerstörte.

Nach Ablauf eines Jahres war ich nicht mehr fähig, meinem Tagewerk nachzukommen. Ich konnte dem Magier meinen Zustand nicht mehr verheimlichen. Er sprach mit lauernder Miene von bösen Geistern, die sich meines Körpers bemächtigt hätten und in dieser Unterredung kam mir erstmals der vage Verdacht, dass er Mitschuld trug an meinem körperlichen und geistigen Verfall. Wie oft hatte ich in meinen nächtlichen Visionen sein gerötetes, aufgedunsenes Gesicht und seinen roten Haarschopf gesehen, den er mit Färbemitteln dunkel tönte. Und je schwächer ich wurde, desto auftrumpfender gebärdete sich der Schausteller. Er verkaufte mir Pillen, die meine Schlafsucht auf ungeahnte Weise verstärkten. Ich fiel in eine traum- und erinnerungslose Bewusstlosigkeit, die mehr noch als der Wachzustand meine körperlichen und geistigen Reserven aufzehrte. Fast in jeder Nacht sah ich huschende Schatten, hörte merkwürdige Geräusche und erstickte fast an betäubenden, süßlichen Gerüchen, die schwere Hustenkrämpfe hervorriefen, doch die Erinnerungsbilder waren am nächsten Morgen verblasst wie welke Blumen.

Meine Gabe hatte ich fast gänzlich verloren und sogar meine Muskelkraft schwand dahin. Ein Rest Intuition aber blieb und mahnte unaufhörlich zur Flucht. Ich wusste tiefstinnerlich: Der Schausteller ist nicht mein Wohltäter, er ist der Urheber meiner Leiden!

Wohin aber konnte ich gehen? Der Weg zurück ins Elternhaus war ausgeschlossen. Ich brauchte Hilfe, wer aber besaß die Fähigkeit, mir zu helfen?

Wir hielten uns damals nicht weit von hier auf, im wilden Flusstal der Vezere, und man erzählte von einem weisen, alten Mann, der zurückgezogen in einer Berghöhle lebte. Er unterhalte sich mit den Tieren, spräche die Sprache der Geister und verfüge über heilende Fähigkeiten, raunte mir eine Frau aus dem Dorf nach der Vorstellung verschwörerisch zu.

Ich nahm mir einige Tage Urlaub unter dem Vorwand, es sei meine Christenpflicht, eine todkranke Verwandte zu besuchen. In Wirklichkeit brach ich mit wenigen Habseligkeiten und etwas Proviant auf in die Berge. Ich legte gewaltige Tagesmärsche zurück und fand schon auf dem Weg nach wenigen Stunden einen Teil meiner körperlichen Kräfte wieder. Willenskraft und Entschlossenheit kehrten zurück, je weiter ich mich von dem Magier entfernte.

Eines Abends konnte ich schon die eigentümliche Form des Berges erkennen, auf dem der Eremit den Beschreibungen zufolge hauste. Ermüdet, aber glücklich, legte ich mich zu Boden und hatte sogleich einen wunderbar friedlichen Traum, aus dem ich mit dem euphorischen Gefühl erwachte, nun endlich einen verlorenen Teil meiner Seele wiedergefunden zu haben. Ich hatte den Alten in einem Gewirr von Berghöhlen gesehen, deren Wände mit den herrlichsten Gemälden übersät waren. Ich sah Bären, Mammute, Pferde, Nashörner, aber auch Strichzeichnungen von Menschen an Felsvorsprüngen. Es waren Bilder von so gelungener Lebendigkeit, dass sich die gezeichneten Umrisse in dieser düsteren Bergkapelle zu bewegen schienen. Eine Atmosphäre sakraler Feierlichkeit umgab die Felsbilder und ein tiefer, jahrhundertealter Segen lag über diesem Ort. Ich begann zu verstehen, warum sich der Einsiedler hier niedergelassen hatte."

„Hat er selbst die Höhlen künstlerisch ausgestaltet, die er bewohnte?", fragt Lucien interessiert. Er war über die Mitteilsamkeit seiner Gesprächspartnerin überrascht und wollte ihren Redefluss nicht unterbrechen, aber er konnte seine Neugier nicht zügeln und stellte die Frage spontan.

„Nein. Mein Traum sagte mir, dass diese einzigartigen, uralten Gemälde einer Epoche zuzuschreiben sind, die noch vor unserer menschlichen Zeitrechnung liegt. Es handelt sich um frühe Kultstätten, von denen wir keine Kenntnis haben.

Der Alte erwartete mich schon. Da auch er die Fähigkeit übersinnlicher Wahrnehmung besaß, hatte er Hinweise erhalten, die meine Ankunft ankündigten. Als ich ihm von meinem Traum erzählte, bestätigte er meine Vorausschau. Die Höhlen seien über und über mit beeindruckenden Darstellungen bedeckt – meine Vision sei ein gutes Omen."

Die Jongleurin unterbricht ihre Rede, um erneut das Feuer zu entfachen. Dann hüllt sie sich fröstelnd in eine Decke. Sie wirkt aufgeregt, unstet, so als sei für sie eine lange Rede wie diese jetzt ungewohnt. Lucien fragt sich, warum ausgerechnet er von der Jongleurin als Vertrauensperson auserwählt wurde. Inzwischen ist seine hellwache Aufmerksamkeit einer bleiernen Müdigkeit gewichen und er beäugt neidvoll die schnarchenden Schauspieler, die im Schlaf näher an das Feuer gerückt sind. Auch der Wind hat sich gelegt; nur die feierliche Stille der Nacht umhüllt die kleine Gruppe der friedlich Schlafenden am rot glimmenden Feuer.

„Der alte Mann lebte schon seit Jahrzehnten in den Bergen. Er konnte in der Dunkelheit sehen und bewegte sich in den Höhlen vollkommen sicher auch ohne Licht. Er war einer der letzten Katharer.

Nach einigen Tagen schon wurden wir Freunde. Da erzählte er mir mit gebrochener Stimme vom letzten Widerstand der Getreuen auf dem Montsegur in den Pyrenäen. Als die dort verschanzten Katharer feststellten, dass auch diese letzte Festung nicht mehr zu halten war, erteilten sie sich gegenseitig das consolamentum, den letzten Segen und legten sich in einem Kreis auf den Boden. Sie gingen freudig in den Tod, denn sie glaubten an die Wiedergeburt der Seelen. Sie hatten die innere Gewissheit, durch ihre Gelübde als perfecti und perfectae die weltlichen Verhaftungen aufgelöst zu haben. Die „Kreuzfahrer", die das Schloss belagerten, um die Bewohner auszuhungern, fanden bei ihrer lärmenden Eroberung nur noch die im Kreise liegenden Leichen.

Der Alte erzählte mir von der dynamischen Aufbruchstimmung, die einst die Katharer erfasste. Sie lebten von ihrer Hände Arbeit und aßen aus Respekt vor allem, was lebt, keine getöteten Tiere. Man erkannte die letzten Anhänger dieser Glaubensgemeinschaft daran, dass sie den Genuss von Fleischspeisen verweigerten, die ihnen in Herbergen und Unterkünften serviert wurden. Meist waren es Schenkenbesitzer, welche die flüchtenden Mitglieder auf diese heimtückische Weise identifizierten.

Nur eine weise, erfahrene Persönlichkeit wie dieser Alte war in der Lage, in meiner ausweglosen Situation eine Lösung zu finden. Der alte Mann erklärte mir, dass der Magier in jeder Nacht Besitz von meinen entgrenzten Fähigkeiten ergriff, während ich schlief. Er betäubte mich durch Alkohol und Rauschmittel und war so in der Lage, meinen Geist zu lenken und meine Visionen für sich zu nutzen. Er stellte mir Fragen und horchte mich aus, während ich in einem Betäubungszustand dahindämmerte. Er legte mir die Anliegen seiner Klienten vor und mit den Ratschlägen, die ich im Zustand der Bewusstlosigkeit freimütig gab, erwarb er sich den Ruf eines begnadeten Wunderheilers und häufte beträchtliche Reichtümer an. Im Schlaf ist der Mensch wehrlos, eine hilflose Beute negativer Kräfte, besonders dann, wenn er, wie ich, nicht in Einklang mit seinen Energien lebt.

Da ich unter dem Druck meiner Familie die visionären Fähigkeiten unterdrückt und innerlich nicht als Teil meines Selbst akzeptiert hatte, fiel es dem Schausteller leicht, mein Traumpotenzial zu lenken und später in seine Dienste zu nehmen. Ich hatte diesen Teil von mir abgelehnt und als unerwünschte Fähigkeit zurückgewiesen und deshalb nutzte nun ein anderes Wesen dieses verhängnisvolle Talent, das Gott mir anvertraut hatte, für seine niederträchtigen Ziele. Vermutlich stand der Magier sogar mit körperlosen Wesenheiten in Verbindung, die sein Werk unterstützten. Ich selbst aber war von einem Großteil meiner Natur abgetrennt und deshalb angreifbar und schutzlos. Hatte ich meine Seele verkauft, als ich dem Schausteller folgte?

Der Alte kannte Rituale, mit denen man die geraubten Seelenanteile zurückführt und wusste auch, wie man die abgespaltenen Teile eigener Energien wiedergewinnt. Ich blieb für einige Monate in den Bergen und fühlte mich beschützt von ihrer erhabenen Majestät, fühlte mich gereinigt durch die Kraft des Windes und das Feuer der Sonne, gestärkt und erfrischt durch das eisige Wasser des Bergquells und lebte in ständiger Zwiesprache mit der unendlichen Weite des Himmels über mir. Ich befand mich an einem gesegneten Ort. Diese Höhlen hatten schon zahlreichen Menschen vor mir als Zufluchtsort gedient und auch ich war mit Hilfe des betagten Weisen in der Lage, hier mein Leben neu zu ordnen. Meine Seelenkräfte kehrten zurück und mit ihrer Rückkehr begann ein neues Leben."

„Was meinst du damit?", fragt Lucien verblüfft.

Wie sollte eine „Rückgewinnung" der Seelenkräfte vonstatten gehen? Langsam wird ihm immer unbehaglicher zumute. Er fröstelt und wirft einen neidischen Blick auf die warm eingehüllten Schlafenden. Warum hat er sich auf diese Unterhaltung eingelassen? Mit Magie und Problemen dieser Art will er nichts zu tun haben! Er hat schon von Fällen dämonischer Besessenheit gehört. Die Bibel berichtet von der Austreibung böser Geister durch Jesus und von visionären Träumen der Heiligen, aber waren dies nicht außergewöhnliche

Fälle? War die Jongleurin durch die Vermittlung des Magiers in den Bannkreis teuflischer Einflüsse geraten? Hatte sie ihre hellseherischen Fähigkeiten in den Dienst obskurer Mächte gestellt? Fast unmerklich, Zentimeter für Zentimeter, rückt der Student zur Seite. Die Jongleurin scheint seine Beunruhigung nicht zu bemerken.

„In dieser Zeit begann ich, bewusst zu träumen und im Traum bewusst zu handeln. Ich stellte Fragen an meine Träume und entschlüsselte hinterher ihre symbolische Botschaft. Allmählich verlagerten sich meine Visionen in den Traum und ich war plötzlich in der Lage, negative Bilder aktiv zu beeinflussen und manchmal sogar zu transformieren. Nun konnte ich endlich das Geschenk der Weissagung frohen Herzens annehmen, denn es ging nicht mehr um Zukunftsdeutung auf Jahrmärkten, nicht mehr um Macht über ahnungslose Menschen, nicht mehr um Reputation und Geld, sondern um eine tiefere Ebene der Bewusstseinsarbeit.

Besonders wertvoll sei es, sagte mein Meister, wenn sich das Bewusstsein als träumend wahrnehme und in den Handlungsablauf eingreife. Durch dieses Training fielen alle Ängste von mir ab und ich gewann meine Kräfte wieder.

Doch es vergingen noch einige Monate, bis ich mich stark genug fühlte, um wieder zu den Menschen zurückzukehren. Vorher legte ich das Gelübde ab, meine Fähigkeit nur einzusetzen, wenn sie der Weiterentwicklung eines Menschen dienlich ist. Ich darf und will niemals auf leichtfertige Weise Gebrauch davon machen!"

Dieser merkwürdige Sprachgebrauch! Da ist die Rede von geraubten Seelenanteilen, von aktivem Handeln im Schlaf, von prophetischen Träumen, von Wahrsagerei, von Magiern und alten Ketzern, die in bemalten Höhlen wohnen ...

Lucien fragt sich, ob er in diesem Zauberwald plötzlich in eine andere Welt geraten ist, bevölkert von Feen, Zwergen, Elementargeistern und Zauberern, in eine Dimension der Märchen, der Legenden. Oder träumt er vielleicht? Er ist Theologe und wenn es Erlebnisse gibt wie die hier geschilderten, dann muss er sich damit auseinandersetzen! Hat er Angst vor diesen Phänomenen? Ja, gesteht er sich innerlich ein: Er schlottert vor Angst! Er zittert tatsächlich, aber nicht wegen der Kälte. Gleichzeitig stehen ihm die Schweißperlen auf der Stirn. Was sagt sein treuester Bündnispartner, der rationale Verstand?

Zweifellos gibt es Träume göttlichen Ursprungs: Jakob sah im Traum eine Treppe, die bis zum Himmel reichte und auf der die Engel Gottes auf- und niederstiegen. Und schickte nicht Gott Josef, dem Verlobten der Jungfrau Maria, einen Engel im Traum, der ihn aufforderte, Maria als seine Frau zu nehmen? Das Kind, das sie erwarte, sei vom Heiligen Geist. Als Josef erwachte, tat er, was der Engel des Herrn ihm befohlen hatte. Die Bibel nennt viele Beispiele dieser Art.

Aber jetzt ist Lucien übernächtigt und sein wirres Denken ist nur noch in einem Punkt sicher: Diese Frau erfüllt nicht die üblichen Anforderungen an eine Person, die von Gott mit der Gabe der Prophetie ausgezeichnet wurde. Was weiß er über ihren Lebenswandel? Sie erzählt selbst, dass sie sich in äußerst fragwürdigen Kreisen bewegt hat.

Seines Wissens gibt es aber nur zwei Möglichkeiten, übersinnliche Fähigkeiten zu erklären: Entweder sind sie ein Geschenk Gottes an seine Auserwählten oder sie sind die Belohnung für einen Pakt mit dem Teufel. Hier überschlagen sich seine Gedanken und verlieren sich in panischen Reaktionen. Ist er in Teufels Küche geraten? Wie kann er schnellstmöglich dieses unselige Gespräch beenden? Wie kann er seine eigene Seele retten?

Als hätte sie seine Gedanken erraten, erhebt sich die Jongleurin plötzlich, ordnet ihre bunten Röcke, beugt sich zu ihm hinab und blickt ihm lange forschend ins Gesicht. Jetzt bleibt Lucien keine andere Möglichkeit – er muss dem gefürchteten Blick standhalten, wenn er nicht als Feigling gelten will. Doch die Augen der Frau begegnen seiner angstvollen Miene mit Rührung und Mitgefühl.

„Du hast große Angst vor diesen Dingen! Aber glaube mir: Der sehende Mensch selbst entscheidet, ob er seine Begabung nutzen will, um mehr Güte und Verständnis in diese Welt zu bringen oder ob er sie einzusetzen gedenkt, um seine eigenen niedrigen Leidenschaften zu befriedigen. Die Fähigkeit, zukünftige Ereignisse zu sehen, ist weder ein Beweis für Heiligkeit, noch ist sie Teufelswerk.

Es ist eine natürliche Gabe, die man – wie jedes andere Talent auch – missbrauchen oder sinnvoll für sich und andere verwenden kann. Du hast Angst, weil du all den Legenden Glauben schenkst, die sich um das Übersinnliche ranken und es als Teufelswerk bekämpfen."

Sie gähnt und streckt sich ungeniert, dann flüstert sie Lucien zu:

„Nun aber wird es Zeit, einen Schlafplatz zu suchen! Gute Nacht!"

Kapitel 5: Die befreite Seele

Was ereignet sich dort auf dem Marktplatz? Demonstriert ein Zahn-
brecher öffentlich seine Künste? Fesseln Spaßmacher und Artisten
die Aufmerksamkeit der Kirchgänger, die am Sonntag ihre Feiertags-
gewänder tragen und sich jetzt um eine Attraktion gruppieren?

Anscheinend handelt es sich nicht um einen kurzweiligen Zeitver-
treib, denn die Zuhörerschaft wirkt eher nachdenklich als belustigt,
eher konzentriert als zu Späßen aufgelegt. Kein wilder Applaus, kein
donnerndes Gelächter, keine kecken Zwischenrufe – in den Gesichtern liegt eine so ernsthafte Aufmerksamkeit, als lausche man aufmerksam einer bewegenden Predigt.

Guiard drängt sich durch die hinteren Reihen und allmählich er-
hascht er einen Blick auf die kleine Gruppe von Frauen, um die sich
die Menge schart. Es sind Beginen, die in ihrer hellen, schlichten
Tracht einen Text mit unterschiedlichen Sprechrollen rezitieren.
Wird hier ein Theaterstück aufgeführt? Jetzt hat sich Guiard einen
Platz erkämpft, an dem die Stimmen zu verstehen sind.

Die kleine, unscheinbare Frau, die gerade das Wort ergriffen hat,
scheint angesichts des öffentlichen Interesses von Lampenfieber ge-
packt, denn ihre Stimme klingt schrill, fast heiser und ihre Hände
zittern. Was erzählt sie da von denen, die weder Schande noch Furcht
kennen und die über den Winden und Regengüssen wohnen? Dort
befinden sie sich in Sicherheit und leben in der Freiheit der Liebe.
Sie wollen nichts, denn sie verschmelzen mit Gott, der sich in ihrer
Seele erkennt und ihnen tiefstinnerlich zeigt, dass nichts ist, nur ER.
Diese Leute, die zugleich auf dem Berge und im Tale hausen, sind
zur Erkenntnis ihres Nichts vorgestoßen.

Ein feierliches Schweigen liegt über dem sonst so lebendigen Platz.
Auch auf Guiard verfehlen die tiefgründigen Worte der Begine ihre
Wirkung nicht. Was wird darauf folgen?

Es ist eine rundliche Person, die nach der Seele das Wort ergreift
und ihre Rolle phantasievoll und spielerisch ausgestaltet. Sie seufzt
kläglich, wendet die Augen gen Himmel und befragt mit anklagen-

der Stimme den Heiligen Geist, was sie von diesen unverständlichen Aussagen halten soll. Das ist offensichtlich die Stimme der „Heiligen Kirche"! Sie wendet sich an den Heiligen Geist, um höheren Rat zu erbitten, denn sie kann den geschilderten Entwicklungsgang nicht nachvollziehen. Als dieser den hohen Adel dieser Seele bestätigt, ergreift die „Liebe" das Wort, um zu erklären, dass diese Seele vom Heiligen Geist selbst inspiriert ist. Ihr Wissen ist nicht Wissen im menschlichen Sinne, nicht Gotteswissenschaft, sondern eine direkte, göttliche Botschaft, die ohne menschliche Lehrmeister und Vermittler, ja sogar ohne Worte der Seele zuteil wird. Mit hinreißender Komik und viel schauspielerischem Talent verkörpert die rundliche Frau die Institution Kirche! So legt sie beim Zuhören die Stirn in Falten, schüttelte bedächtig das Haupt und verkündet jetzt wichtigtuerisch, dass diese Seelen, in denen die göttliche Liebe wohnt, über der Kirche und über der vernünftigen Denktätigkeit stehen. Dafür erhalten sie Lob und Anerkennung.

Nach diesen Worten blickt die Begine triumphierend in die Runde. Durch die erheiternde Komik ihres Spiels hat sich die feierliche Atmosphäre gelockert und die Kirchgänger lachen befreit auf. Ein Jüngling pfeift vielsagend auf den Fingern und riskiert den Zwischenruf: „Hoffentlich begreift das auch die Inquisition!"

Die „Seele", deren Stimme inzwischen an Festigkeit gewonnen hat, lächelt bei dieser Bemerkung dem Jüngling zu und führt darauf ein heftiges Streitgespräch mit der „Vernunft". Deren Zöglinge werden in derber Manier als „Vieh" und „Esel" beschimpft und als die Kontrahentin protestiert und sich rechtfertigen will, kontert die „Seele" mit Entschiedenheit: All jene, die Gott in Schriften, Kirchen und in Menschenworten suchen, sind Esel. Gott sei an allen Orten anzubeten; der Mensch trage die göttliche Sonne in sich.

Die kleine, unscheinbar wirkende Frau mit der Rolle der „Seele" hat ihr Lampenfieber inzwischen überwunden. Ihre Worte klingen jetzt nachdrücklich und überzeugend. Nun gibt sie flink Anweisungen für die nächste Szene. Ist sie etwa die Autorin der Texte?, fragt sich Guiard amüsiert.

Guiard! Guiard!

Ein gewichtiger Mönch im Gewand der Dominikaner drängt sich durch die Reihen und steuert schwerfällig und hilfeheischend auf ihn zu. Wütend wischt er sich die Schweißtropfen von der Stirn.

„Wann wird man endlich diesen schamlosen Frauen Einhalt gebieten?

Sie machen sich über die Kirche lustig. Hast du gehört? Sie beschimpfen uns als Esel!". Guiard ringt verlegen um eine besänftigende Antwort. Unterdessen poltert der Dominikaner weiter:

„Nicht genug, dass sie eine Tracht tragen, die ihnen gar nicht zusteht, denn sie gehören keinem kirchlichen Orden an – sie ergreifen am heiligen Sonntag frech das Wort, um die Grundsätze unseres Glaubens in Frage zu stellen!"

„Du bist erst später dazugekommen, Bruder! Es war alles anders gemeint als du denkst!"

Guiard sucht den Mönch mit beschwichtigenden Worten zu beruhigen, aber dieser ist nicht zu bremsen:

„Spitzfindigkeiten, Subtilitäten, Haarspaltereien – das ist es, was diese verpesteten Beginen in die Welt setzen!"

Der Dominikaner Humbert schreit so wutentbrannt, dass sich die Zuschauer von den Theaterszenen abwenden, um dem neuen Spektakel zu folgen.

„Sie treiben ihr Verwirrspiel mit dem Glauben! Sie hetzen einfache Gemüter auf und maßen sich an, die Lehren der Kirche in Frage zu stellen! Es ist wider die Natur, wenn Weiber hochfahrend und arrogant über den Glauben diskutieren. Dann spricht durch sie der Teufel!"

Die Umstehenden bilden nun einen Halbkreis um den brüllenden Mönch. Man lacht und ist geneigt, den cholerischen Ausbruch Humberts als realistische Fortsetzung des Theaterstücks aufzufassen. Für Humbert unsichtbar vollführt eine Jongleurin eine dramatische Pantomime, mit der sie ironisch die anklagenden Worte des Dominikaners untermalt. Das Publikum würdigt dies mit Gelächter und allerlei Späßen.

Humbert, der annehmen muss, dass man über ihn lacht, lässt nun seinem Ingrimm freien Lauf und schreit mit hochrotem Kopf:

„Die Beginen fügen sich nicht in die Ordnung der Kirche!

Sie lästern und werfen das Allerheiligste den Schweinen vor! Diesem Unwesen des Satans wird die Inquisition bald ein Ende setzen!"

Darauf wird es totenstill.

Die Beginen haben längst schon ihre Habseligkeiten zusammengepackt und sind spurlos verschwunden. Die Stimmung, eben noch heiter und aufgelockert, ist einem feindseligen Schweigen gewichen.

Guiard möchte im Erdboden versinken oder sich in einem Mauseloch verkriechen, da zupft ihn jemand am Ärmel. Es ist die Jongleurin, die ihn lautlos auffordert, ihm zu folgen. Dankbar ergreift er diese Gelegenheit und ist bemüht, die merkwürdige, schnell voranschreitende Gestalt nicht aus den Augen zu verlieren.

In einem dunklen Torbogen wendet sich die junge Frau plötzlich um und ergreift seine Hand. Sie dreht die Handfläche nach oben und scheint in den feinen, vielfach versponnenen Linien der Innenseite zu lesen, doch ihr Blick ist ausdruckslos und leer.

Er weiß nicht genau, wie lange er so unbeweglich verharrte, ganz dem ausdruckslosen Blick des Mädchens preisgegeben. Da lässt sie abrupt seine Hand los. In ihrem sonnengebräunten Gesicht liegt ein tiefes Erschrecken: „Es ist besser, wenn du nicht weißt, was vor dir liegt!"

Nach diesen Worten ist sie wie vom Erdboden verschluckt.

Guiard starrt in seine Handfläche. War es ein magischer Bannkreis, der sich über ihn legte, als ihn die Jongleurin in den Torbogen zog? Noch immer fühlt er sich auf seltsame Weise starr und ihm ist, als sei die Zeit plötzlich stehen geblieben. Was hat sie gesehen? Was wollte sie sagen?

Doch Guiard hält nicht viel von magischen Tricks und zuckt mit den Achseln.

Das Mädchen hat ihn immerhin aus einem peinlichen Dilemma befreit!

Nach seinem Wutausbruch rechnete Humbert fest mit der moralischen Unterstützung des alternden Pfarrers und er hätte Ausflüchte suchen oder dem wütenden Mönch gar glattweg die Rückendeckung verweigern müssen. Zum Glück hat ihn die Handleserin aus dieser schwierigen Situation erlöst.

Mit langsamen Schritten, immer noch nachdenklich, tritt er den Heimweg an.

Guiard hat die Theaterszene mit viel Anteilnahme und Sympathie verfolgt. Mit jeder Faser seines Herzens begrüßte er die geistige Botschaft der Beginen, die ihm so vertraut erschien: Die Seele, die in das eigene Nichts eintaucht, findet Gott in sich selbst und muss ihn nicht länger in äußeren Dingen suchen. Sie benötigt keine Vermittler mehr.

Wie immer berührt diese Thematik in ihm einen inzwischen vernarbten, aber manchmal noch schmerzenden Punkt. Der früh gealterte Mann mit dem sorgenvollen, von Falten zerfurchten Gesicht atmet mühsam und fühlt, wie die innere Erregung in ihm hochsteigt. Er bleibt stehen, um eine kurze Atempause einzulegen. Wie schwer fiel ihm in den letzten Jahren die gewissenhafte Erfüllung seiner Amtspflichten als Seelsorger!

Eine eiserne Klammer schien sich um sein Herz zu legen, eine erstickende Klammer, die Atemnot und Todesangst hervorrief. Erst einmal am Tag, dann immer häufiger. Er war erleichtert, als er seine Pfarrstelle quittieren und die Gemeinde einem jüngeren Nachfolger anvertrauen durfte. Nun konnte er in aller Ruhe seinen Gedanken nachhängen; er zog sich zurück und sprach nur noch das Notwendigste.

Doch der innere Friede, den er im Rückzug suchte, stellte sich nicht ein. Aufwühlende, bohrende Probleme quälten seinen Geist und die wichtigste, immer wiederkehrende Frage, war: Ist diese Kirche noch meine Kirche? In den Anfangsjahren seiner seelsorgerischen Tätigkeit fühlte er sich noch in Einklang mit seinen Vorgesetzten, der Kirchenlehre und seiner Berufung als Seelsorger, aber diese Zuversicht bröckelte im Laufe der Jahre allmählich ab.

Guiard ringt, die Hand ans Herz gepresst, nach Luft. Jeder Schritt kostet ihn Kraft. Sind es die düsteren Gedanken, die schleichend, aber beständig an seiner Gesundheit und Lebensenergie nagen?

Einst folgte er mit großer Begeisterung den Lehren des Abtes Joachim von Fiore und noch immer stellt er fest, dass Joachim nicht vergessen ist. Der Abt hatte vor mehr als hundert Jahren die Trinitätslehre neu gedeutet. Nach seiner Vision manifestieren sich Gott Vater, Sohn und Heiliger Geist in historischen Zyklen. Die biblische Zeit Gott Vaters ist längst schon verstrichen. Auf sie folgte die christliche Epoche des Gottessohnes, die eines Tages vom Zeitalter des Heiligen Geistes abgelöst werden wird.

Aber wann?

Joachim selbst hatte den Zeitpunkt nie konkret genannt. Es waren seine Anhänger, die das Jahr 1260 als den Zeitpunkt festlegten, wo sich der epochale Sprung vollziehen sollte, aber all diese Erwartungen haben sich bislang nicht erfüllt. Nach den Prophezeiungen Joachims wird in der neuen Ära die Klerikerkirche ihre Funktion verlieren, da eine wachsende Zahl von Menschen unmittelbar und direkt vom Heiligen Geist erleuchtet wird.

Wurde nicht auch in der Rezitation der Beginen heute diese Idee aufgegriffen? Guiard erinnert sich noch deutlich an die Sätze, die sein Herz ergriffen: Die Seele ist das kostbare Pergament des Heiligen Geistes, wenn sie die weltlichen Bestrebungen abgelegt hat.

Ist dies eine zufällige Übereinstimmung oder sind die Beginen etwa mit dem Gedankengut Joachims vertraut? Im Volk blieb die Erinnerung an den Abt aus Kalabrien stets lebendig. Vor seinem Tod unterstellte Joachim sein gesamtes Schrifttum dem päpstlichen Urteil und obwohl einige seiner Werke nach dem Urteil der Kirche als irrtümlich und berüchtigt galten, wurde er selbst nie der Ketzerei bezichtigt. So verbreiteten sich seine Prophezeiungen wie ein Hoffnungsstrahl in der Finsternis. Wann würde das befreiende Geistzeitalter anbrechen?

Aus Guiards Sicht waren die Anzeichen für den Epochenwechsel unübersehbar!

Er erinnert sich an einige Menschen, die er als Seelsorger betreute und die ihm mit leuchtenden Augen und mit erstaunlicher Beredsamkeit von einem „Pfingstereignis" berichteten, das ihr Denken und Tun nachhaltig veränderte. Es waren Erzählungen von so einzigartiger Schönheit und von so farbiger Lebendigkeit, dass Guiard keine Sekunde an der Authentizität dieser Visionen zweifelte. Blitzartig wurden die Betroffenen ihres inneren Lichtes gewahr und wurden

„in den inneren Menschen gerissen", wie es ein junger Mann trefflich beschrieb. Sie verspürten körperlich und geistig die Sogkraft einer unglaublichen Energie und waren imstande, eine radikale Transformation ihres Lebens einzuleiten. Da sie plötzlich in der Gewissheit lebten, eine Offenbarung Gottes geschaut zu haben, passierten unerklärliche Dinge: Sie genasen plötzlich von lebensbedrohlichen Krankheiten oder ließen geistige Schwächen wie Feigheit, Kleinmut und depressive Verstimmung hinter sich.

Allen gemeinsam war, dass ihnen dieses „Pfingsterlebnis" eine einzigartige Distanz zu den alltäglichen Sorgen und Problemen verlieh. Von Stund an waren sie gegen die Wechselfälle des Lebens mit einem stabilen Gleichmut gewappnet und quälten sich nicht länger mit Gewissensbissen und Schuldgefühlen. Sie fühlten sich vielmehr – durch die Gnade ihrer Vision – inspiriert und geheiligt und schenkten der Stimme Gottes in sich selbst ihr uneingeschränktes Vertrauen.

Insgeheim beneidete Guiard die Menschen, denen ein solches Erlebnis zuteil wurde und er war stolz und glücklich, als Seelsorger ihr Vertrauen gewonnen zu haben.

Inzwischen aber war es gefährlich geworden, dieser inneren Stimme eine größere Bedeutung beizumessen als äußeren Frömmigkeitsritualen wie Wallfahrten, Bußen, Fastenzeiten und Gebeten.

Für die Inquisitoren war die pflichtgetreue Befolgung kirchlicher Gebote der einzige Weg zu Gott. Visionen, Eingebungen und Entrückungszustände erschienen ihnen als höllische Machenschaften, mit denen Satan das Bewusstsein hoffärtiger und leichtgläubiger Menschen umnebelte. Mit seiner gefährlichen Verstellungskunst verlieh er seinen Opfern außergewöhnliche Gaben wie Hellseherei und Zauberkünste und schlich sich tückisch in ihr Gewahrsein, um schlussendlich die Seele ganz in Besitz zu nehmen.

Dem Inquisitor allein oblag es, das Denken, Fühlen und Erleben zu überprüfen und die Spreu vom Weizen zu trennen. Er besaß die Machtmittel, mit denen er verhängnisvolle Gutgläubigkeit, Scheinheiligkeit und Empfänglichkeit für die Machenschaften des Teufels entlarven und ahnden konnte.

Guiard hat mit Entsetzen den gebrochenen Blick der Verurteilten gesehen und die innere Hoffnungslosigkeit und Leere gespürt, in die der Mensch eintaucht, wenn ihm sein tiefstes Empfinden, seine intimste Innerlichkeit geraubt wird. Dies ist das Ziel der Folter: Die eigene Wahrheit des „Ketzers" auszumerzen und ihm mit rücksichtsloser Härte das Gottesbild aufzuzwingen, das der Inquisitor selbst repräsentieren will – das Bild des unnachsichtigen, strafenden Gottes! Dieser Blick der Opfer grub sich tief ein in das Gedächtnis Guiards und raubte ihm wochenlang den Schlaf, denn die grausige Szenerie wiederholte sich unerbittlich in seinen quälenden Alpträumen.

Wer kann die abgrundtiefe Verzweiflung eines Menschen erahnen, dem durch die grausamsten Torturen ein Geständnis abgerungen wurde! Weicht der Hass auf die Peiniger nach einigen Tagen einem Gefühl abgrundtiefer Leere, das sogar das Gebet zum Verstummen bringt?

Und der Himmel schweigt!

Kein Blitzschlag lähmt die Folterknechte, kein himmlisches Balsam ergießt sich über die geschundenen Glieder, kein Engel steigt herab. Der Mensch ist ausgeliefert und verlassen – und der Himmel schweigt!

Dann tritt die „Wahrheit" zutage: Der zermürbte, zu Tode gequälte Mensch gesteht endlich sein Bündnis mit dem Teufel! Der Inquisitor triumphiert. Er hat es gewusst!

Es gibt nur Gut und Böse, Ja und Nein, Richtig und Falsch. Zwischentöne gehören schon dem Reich des Bösen an. Endlich werden die verdorrten Reben des Weinstocks dem Feuer übergeben! Auf aufgeschichteten Reisigbündeln werden sie an einen Pfahl gebunden und das versammelte Volk wird Zeuge der Todesqualen des Sterbenden. Diese Hinrichtungen gelten an Sonn- und Feiertagen als religiöse Zeremonie und man sagt den Gläubigen, es sei verdienstvoll, ihnen beizuwohnen! Dazu fühlt sich Guiard schon seit langem nicht mehr imstande.

Wie kann eine Kirche, die dem Liebesgebot Christi verpflichtet ist, eine so grausame Tötung befürworten? Warum geht kein Schrei der

Entrüstung durch die gesamte Christenheit?, fragt sich der alternde Pfarrer verzweifelt.

Als er noch aktiv war, unternahm er manchmal noch den Versuch, seine tiefe Gewissensqual den anderen Amtskollegen mitzuteilen, aber man musterte ihn mit einem merkwürdigen Blick und gab ausweichende Antworten: Man müsse gegen die Gefahren der Häresie mit allen Mitteln ankämpfen, wurde entgegengehalten. Diese verderbliche Tendenz sei in diesem Jahrhundert so stark angewachsen, dass es keine Gnade mehr geben dürfe, denn letztendlich bekämpfe man den bösen Feind selbst, dessen willfähriges Instrument der Ketzer sei.

Und man berief sich auf die Autorität der gelehrten Dominikaner, die im Auftrag des Papstes diesen Kampf führen.

Verglich nicht auch der moderne, aufgeschlossene Thomas von Aquin den Häretiker mit faulem Fleisch, das sofort herauszuschneiden ist? Sprach er nicht gar von einem Feuerfunken, der die gesamte Erde zu verheeren droht, wird er nicht unverzüglich im Keim erstickt?

1231 wurde die Inquisition dem Dominikanerorden anvertraut und diese Institution ist seitdem zu einem bedeutenden Machtfaktor angewachsen.

Wie oft schon hat Guiard über die Charakterzüge der Menschen nachgedacht, die mit Eifer und Ehrgeiz in dieses Amt drängen und jedes Mal läuft ihm ein kalter Schauder über den Rücken. Die Machtfülle dieser Funktion zieht einen bestimmten Menschentypus an, der Härte und klare Ordnungsprinzipien liebt und dessen Vorstellungswelt sich innerhalb der Pole Macht und Unterwerfung, Stärke und Schwäche, Herr und Untertan, Tugend und Verderben, Freund und Feind, Gott und Teufel bewegt. In diesem polaren System ist kein Platz für Differenzierungen und so fällt der Inquisitor seine Urteile nach dem Prinzip: Wer nicht für mich ist, ist gegen mich!

„Dieses Wahrnehmungsraster wird wie ein Netz über alle Phänomene geworfen", denkt Guiard verzweifelt. „Es legt den Grundstein zu einem allgemein verbindlichen Frömmigkeitsmodell."

Er, der Zauderer, der Zweifler, der Träumer, der Idealist, hat dieser gefährlichen Entwicklung nur wenig entgegenzusetzen; er fühlt sich alt, krank, schwach und ausgeliefert.

Schweratmend nähert sich Guiard endlich seinem bescheidenen Heim. Schade, dass Humbert, dieser wackere Gottesstreiter, der Aufführung der Beginen ein jähes Ende bereitet hat!

Normalerweise zählt Humbert nicht zu den religiösen Eiferern. Wahrscheinlich hat er den Sinn der Aussagen nur halb begriffen und geriet in Wut, weil umtriebige Frauen den sonntäglichen Ablauf durcheinander brachten, anstatt für ein reichhaltiges Mittagsmahl zu sorgen, auf das der Bruder nach der langen Sonntagsmesse größten Wert legt. Bei diesem Gedanken grinst der Heimkehrer verständnisvoll. Dann öffnet er die Tür.

Da sitzt in der Dämmerung ein Fremder, der ihn erwartet.

Der Mann wirkt struppig und verwildert, ein wuchernder Bart verdeckt fast das Gesicht. Anscheinend hat er eine anstrengende Reise hinter sich, denn seine Kleidung ist schmutzig und abgetragen. Er gibt sich als wandernder Begarde zu erkennen, der dem Pfarrer Guiard de Cressonessart eine wichtige Nachricht zu überbringen hat. Unter seinen buschigen Augenbrauen funkelt ein wachsamer, stechender Blick. Trotz seiner zerlumpten, äußeren Erscheinung geht von dem Besucher eine hochmütige Selbstsicherheit aus, die den ermüdeten Pfarrer beunruhigt. Wer schickt ihm diesen merkwürdigen Boten?

Guiard führt ein einsames, zurückgezogenes Leben und pflegt zu wandernden Begarden – so nennen sich die Männer, welche die Lebensweise der Beginen nachahmen – keinen Kontakt. Die Begarden ziehen – häufiger als die Beginen – ohne festen Wohnsitz umher und oft erbetteln sie sich das Lebensnotwendige mit dem Ruf: Brot durch Gott!

Die Kirche betrachtet diese Umtriebe mit Abneigung und wachsendem Misstrauen.

Unter den umherwandernden Männern und Frauen soll sich eine Sekte gebildet haben, die in geheimen Versammlungen ihre Lehre verbreitet. Sie nennt sich „Brüder und Schwestern des Freien Geistes" und schreckt vor Provokationen nicht zurück. Man erzählt, diese Leute fielen während der Predigt in der Kirche dem Pfarrer ins Wort.

Man sagt, sie respektierten das Eigentum nicht und beharrten darauf, auch ohne Arbeitsleistung versorgt zu werden. Man munkelt sogar, sie ermutigten zu sexuellen Ausschweifungen und leiteten ihre Mitglieder zu einem lasterhaften Leben an. Einige Skeptiker sind überzeugt, dass diese unablässigen, frechen Provokationen der „Freigeister" die gesellschaftlichen und moralischen Grundlagen der Ständeordnung bedrohen.

Mit vorsichtiger Reserve begrüßt Guiard den Fremden, der mit knappen Worten erklärt, er sei ein Bote des Mönchs Francesco aus dem Kloster Chiaravalle bei Mailand. Er habe den Auftrag, den Pfarrer Guiard de Cressonessart höchstpersönlich über ein Urteil des Mailänder Inquisitionsgerichts zu informieren.

Es handele sich um die vor zwanzig Jahren verstorbene Vilelmina von Böhmen, die der Pfarrer auf einer Wallfahrt nach Rom kennen gelernt habe.

Der Begarde mustert Guiard mit einem prüfenden Blick. Guiard schweigt noch immer.

Der Anhängerkreis Vilelminas sei als häretische Sekte verurteilt worden. Der Anklage zufolge lehren die „Vilelmiten", dass nach Jesus nun auch die dritte, göttliche Person, der Heilige Geist, einen menschlichen Körper angenommen habe, den Körper einer Frau.

Vilelmina soll diese Inkarnation gewesen sein. Sie habe wie Jesus Wunderheilungen vollbracht und sie werde – wie der Gottessohn – in Bälde auferstehen.

Einer der verurteilten Anhänger hat diese Doktrin theologisch ausgearbeitet; eine Frau namens Mayfreda trat die Nachfolge der Verstorbenen an. Man beschuldigt sie, sich priesterliche Funktionen angemaßt zu haben, indem sie die Ostermesse zelebrierte.

Aber nicht nur das! Sie soll die Machtübernahme auf dem Papstthron und eine Neuorganisation der Kirche unter der Führung von Frauen angestrebt haben. Nach dem Plan dieser Gruppierung sollte die bestehende, kirchliche Hierarchie durch weibliche Vertreterinnen ersetzt werden.

Dem Kurier liegt eine derbe Zote auf der Zunge, aber er beherrscht sich und gibt nur ein verächtliches Schnauben von sich. Was hat der schweigende Pfarrer? Er bedeckt sein Gesicht mit den Händen und ist auf dem Stuhl zusammengesunken wie ein Häufchen Elend. Der Begarde beobachtet sein Gegenüber mit wachsender Geringschätzung. Hört ihm dieser Alte überhaupt zu? Er seufzt, als habe er es mit einem störrischen Kind zu tun. Also weiter! Er hat keine Zeit zu verlieren und muss seinen Auftrag erfüllen!

„Auch die tote Vilelmina wurde in diesem Prozess posthum als Ketzerin angeklagt und verurteilt. Man hat ihre Gebeine ausgegraben und mit den anderen Anhängern auf dem Scheiterhaufen verbrannt.

Der Prozess gegen die Sekte wurde damit in diesem Jahr 1300 endgültig abgeschlossen."

Wieder wartet der Fremde auf eine Reaktion des kleinen, schmächtigen Mannes, der unbeweglich, die Hände immer noch vors Gesicht geschlagen, auf seinem Stuhl sitzt.

Dieser Pfaffe wirkt zart besaitet, fast weibisch empfindsam – ein Mann der Bücher, versponnen, unzugänglich und in sich gekehrt, für die Straße ungeeignet und auf der Kanzel zweifellos ein geschwätziger, langweiliger Prediger, der freigeistige Ideen weder ganz zurückweist noch voll befürwortet – ein schwankendes Espenblatt, das der Sturm hinwegfegt!

Nach einer längeren Pause räuspert sich der Kurier vernehmlich, spuckt geräuschvoll auf den Boden und beginnt, mit dröhnender Stimme seine persönliche Einschätzung des Falls zu verkünden: Das bevorstehende Zeitalter des Heiligen Geistes könne unmöglich vom schwachen Geschlecht eingeleitet werden. Frauen seien von Natur aus zum Dienen bestimmt. Die überspannten Ideen der „Vilelmiten" habe der gemeinsamen Sache keinen guten Dienst erwiesen! Ob ihm da der Herr Pfarrer nicht zustimme?

Da schreckt Guiard plötzlich auf. Er muss sich von der Gegenwart dieses derben Gesellen befreien, bevor dieser weit ausholend über das Geistzeitalter zu schwadronieren beginnt. Diese Großmannssucht wird unerträglich!

Er erhebt sich ruckartig, murmelt ein Dankeswort und einige Höflichkeitsfloskeln.

Der Bote verabschiedet sich mit einer aufmunternd gemeinten

Geste und klopft ihm gönnerhaft auf die schmächtigen Schultern. Zähneknirschend bemerkt Guiard, dass seine Knie unter der Wucht dieser kraftvollen Schläge nachgeben.

Als die Türe krachend ins Schloss fällt, zuckt er erschreckt zusammen, aber dann atmet er erleichtert auf. Endlich allein!

Er lässt seinen Erinnerungen freien Lauf und sieht deutlich das gütige Gesicht des Zisterziensers Francesco vor sich. Wohltuend umfängt ihn die Ruhe des Klosters, eine Zwischenetappe auf dem Weg nach Rom. Wie vital er sich damals noch fühlte, auf dieser Wallfahrt!

Im Kloster der Zisterzienser nimmt die Pilgergruppe Herberge.

In der Nähe des Klosters lebt ständig eine Tertiarin, eine dunkelhaarige Frau mit einem außergewöhnlichen Gesicht. „Sie ist vom Heiligen Geist inspiriert", flüstert Francesco mit ehrfürchtigem Respekt.

„Manchmal empfängt sie die Pilger zu Gesprächen. Nein, keine besondere Anrede! Jedermann nennt sie Vilelmina!"

Wer sie besucht, verlässt die kleine Zelle gestärkt und getröstet. Ist sie eine Heilige?

Nein, nein, wehrt Vilelmina lachend ab.

Sie ist eine ganz durchschnittliche Frau, die einem Sohn das Leben geschenkt hat. Mit ihm ist sie anno 1260 aus Böhmen gekommen. Über die Gründe will sie nicht sprechen.

Wie Guiard lehnt sie Selbstgeißelungen und willentliche Schmerzzufügung ab. Der menschliche Körper ist anfällig für Krankheit und vom Tod bedroht. Er ist ein Ort des Leidens, auch ohne strenge Bußübungen. Man ertrage mit Sanftmut und Geduld seine körperlichen Schwächen und Gebrechen, dann sind extreme Kasteiungen nicht notwendig.

Guiard stellt fest, dass sich die verbissene Härte einiger Penitenten langsam entkrampft. Ihre Gesichter werden froh und entspannt. Sie beenden ihr extremes Fasten und nehmen genüsslich am Mahl der Mönche teil.

Hat Vilelmina diese Wandlung bewirkt?

Sie predigt nicht, sondern hört zu. Ihre Worte sind einfach und oft spricht sie in Gleichnissen. Sie regt zum Nachdenken an und überlässt es dann ihren Besuchern, die richtige Antwort auf ihre Fragen zu finden. Immer durchbricht sie Engstirnigkeit und Selbstmitleid und rät, die verengte Sichtweise zu erweitern.

Sie meidet mit Bedacht die Ehrenbezeigungen der Pilger.

In jedem Menschen wirkt Gott, erklärt sie und rügt Äußerungen, die ihr göttliche Qualitäten zuschreiben. Oft aber ist die göttliche Natur verschüttet und noch nicht entdeckt, weil sich der Mensch an sein Leiden klammert und die befreiende Perspektive nicht erkennen will.

Ist Gottes Liebe und Gnade etwa begrenzt? Nein – Vilelmina wünscht allen Menschen Erlösung, auch Juden, Muslimen und Nichtchristen.

Dann wird sie schweigsam und zieht sich zurück.

Als sie im Jahre 1280 stirbt, wollen die Pilgerzüge an ihr Grab nicht enden. Die ersten Wunderheilungen werden bekannt. Da schwillt der Besucherstrom noch mehr an – ihre Begräbnisstätte wird zum Wallfahrtsort.

Die Mönche, allen voran Francesco, fördern die Verehrung der toten Vilelmina.

Guiard sieht den Mönch wieder, als er an das Grab pilgert. Und er bestätigt Francesco zutiefst bewegt:

Die Ausstrahlung der frommen Tertiarin ist an diesem Ort noch immer wirksam. Diese Frau war umgeben vom Licht des Heiligen Geistes!

Langsam löst er sich von den eindrucksvollen Erinnerungsbildern. Nun trifft ihn erneut die Nachricht des Begarden mit voller Wucht. Vilelmina wurde posthum als Ketzerin verurteilt und man hat ihre Gebeine dem Feuer des Scheiterhaufens übergeben.

Guiards Atem stockt, seine Augen füllen sich mit Tränen.

Die Anschuldigungen des Inquisitionsgerichts sind absurd: Die Tote war völlig frei von Machtgelüsten und sprach einfach und unbefangen zu ihren Besuchern. Er weiß mit absoluter Sicherheit, dass sie nie eine Doktrin verkündet hat, die sich gegen die Kirche richtete.

Der Anklage nach soll sie danach getrachtet haben, die etablierte

Kirche durch eine von Frauen geführte Institution zu ersetzen. Guiard kennt die „Vilelmiten" nicht, aber er kannte Vilelmina, die über ihren Tod hinaus die Menschen beriet und heilte. Diese Frau war keine Ketzerin! Ihre Fähigkeiten waren göttlichen Ursprungs.

Kapitel 6: Die sieben Seinsweisen

Enttäuscht bricht die Katze Mathilde ihren gewohnten Rundgang ab, denn rund um den großen Raum, in dem üblicherweise der Unterricht stattfindet, herrscht heute eine geschäftige Betriebsamkeit. Die Frauen bestreuen den Boden mit frischen Binsen, schleppen Stühle herbei und legen Holz für den Ofen bereit.

Mathilde schätzt die stille Beschaulichkeit der frühen Morgenstunden, wo sie auf ihren Streifzügen noch ungestört ist. Hier aber liegt eine ungemütliche Unruhe in der Luft! Sie hebt schnuppernd die Nase, dann wendet sie sich mit einem missbilligenden Fauchen ab und kehrt vorzeitig zu ihrem Schlafplatz zurück – dem Fenstersims in Marguerites Zimmer. Sorgsam glättet ihre Zunge das seidige Fell, dann wendet sie sich schnurrend der Bewohnerin des Raums zu, die schon frühzeitig ihren Platz am Schreibpult eingenommen hat. Doch auch diese sonst verlässliche Vertrauensperson hat heute ihre innere Unruhe nicht unter Kontrolle. Was ist mit den Menschen los?

„Du hast es gut, Mathilde!", stöhnt Marguerite beim Anblick der Katze auf. „Du kannst in Ruhe weiterschlafen! Ich dagegen muss den Vortrag heute Abend vorbereiten.

Denkst du, das macht mir Spaß?! Ich werde über die sieben Seinsweisen der Seele und über den Zustand der Befreiung sprechen und ich hoffe nur, dass die Zuhörerschaft wohlwollend gesinnt ist! Manche Leute wollen einfach alles missverstehen! Sie drängen mir in rechthaberischer Manier ihre Schlussfolgerungen auf und sind beleidigt, wenn ich ihnen dann widerspreche. Ich bin nervös, das darfst du mir glauben!"

Mathilde übernimmt gekonnt die Rolle der Gesprächspartnerin. Sie hüpft mit einem Satz auf das Schreibpult und schnurrt beruhigend.

Im Gesicht der Begine liegt ein Ausdruck banger Unruhe. Der Spiegel ist ein weit verbreitetes Buch geworden und hat einen erstaunlichen Siegeszug angetreten. Er ist in der Stadt und auch in den umliegenden Orten schnell bekannt geworden. Die Beginenhöfe in Flandern und Nordfrankreich haben Kopien angefordert und Anna ist in der Schreibstube pausenlos mit Abschriften beschäftigt.

Marguerite freut sich über diese breite Resonanz, aber vor öffentlichen Lesungen überfällt sie stets ein unruhiges Gefühl, das bis zum Beginn des Vortrags andauert.

Als sie abends den Schulsaal betritt, trifft sie nicht nur die Schwestern aus anderen Konventen an, sondern auch Interessenten aus der Stadt, die sie neugierig anstarren.

Sie beginnt ihren Vortrag mit einer Geschichte:

Es war einmal ein Edelfräulein, das den mächtigen König Alexander von Herzen liebte. Es lebte aber getrennt von ihm in einem fernen Land und diese Trennung schmerzte die Königstochter sehr. Also suchte sie nach Hilfe und ließ sich ein Bildnis von Alexander malen, das die äußere Erscheinung des Geliebten getreu wiedergab und damit konnte sie sich den König vorstellen.

Ähnlich wie diesem Edelfräulein erging es auch mir.

Ich hörte von einem mächtigen König in einem fernen Land und versuchte, die Trennung von ihm zu überwinden. Da gab er mir eine Botschaft als lebendiges Zeichen seiner Liebe. Ich bin noch immer weit entfernt von ihm, aber nun besitze ich sein Bildnis!

Alles, was wir über Gott sagen können, ist nur eine Annäherung. Unser begrenzter, menschlicher Verstand vermag das unendliche, göttliche Sein nicht zu erfassen.

Kann die Seele die Trennung von Gott überwinden? Gibt es einen Zustand der Liebeseinheit mit IHM? Welcher Weg führt dorthin?

Solange noch die Vernunft meine Lehrmeisterin war, fand ich auf diese Fragen keine Antwort. Ich musste lernen, andere Bewusstseinszustände zuzulassen, auch einen Zustand des Nichtdenkens, um die göttliche Antwort auf diese Fragen zu vernehmen. Und so entstand der Spiegel der einfachen Seelen, der sieben Seinsweisen, sieben unterschiedliche Stufen im Verhältnis zu Gott unterscheidet.

Im ersten Zustand wacht die Seele über ihren Lebenswandel und bemüht sich, Gottes Geboten zu folgen. Ihr Verhalten ist noch von Furcht und Mühe geprägt und es erscheint ihr mühselig und anstrengend, die Vorschriften und Weisungen einzuhalten.

In der zweiten Seinsweise geht sie über dieses Stadium hinaus.

Verstärkt übt sie sich nun in Tugendwerken und befolgt auch das, was Gott seinen besonderen Freunden rät.

Nach dem Vorbild Jesu Christi ist sie redlich bemüht, ihre Verstrickung in weltliche Freuden und Leiden zu lösen und so fürchtet sie weniger als früher Besitzverlust, üble Nachrede oder die Schwächen des Leibes.

Den dritten Zustand hat die Seele erreicht, wenn sie nur noch die Werke der Güte und der Vollkommenheit liebt und wenn sie in der Erfüllung dieser Taten ihre Befriedigung findet. Alle anderen Bestrebungen hat sie aufgegeben.

Dann ist sie vorbereitet auf die schwierigste aller Übungen: Sie gibt auch das noch auf, was ihr Befriedigung und Genugtuung verschafft. Sie verzichtet auf das eigene Werk und löst ihre Anhänglichkeit an Tugendwerke auf. Das Selbst zerbricht und die Seele beginnt, frei zu werden von sich selbst.

In der vierten Seinsweise wird die Seele hochgemut, fröhlich und leichtsinnig.

Sie erlebt ein euphorisches Glücksgefühl, ein Gefühl der Sättigung und des Wohlbefindens. Sie lernt die Trunkenheit der Liebe kennen! Diesen verführerischen Zustand will die Seele festhalten. Sie will nur noch ihn gelten lassen und nicht wahrhaben, dass noch weitere Stadien zu durchlaufen sind, denn von dieser Süße und Lust ist ihre Sehkraft geblendet.

Alle vier Stufen bisher sind noch Verhältnisse, in denen die Seele in Knechtschaft lebt, auch wenn sie selbst das Zwischenziel schon für die Befreiung hält, sich an das einmal Erreichte klammert und nicht weitergehen will. So lasst uns also den fünften und den sechsten Zustand genauer betrachten, um die Kennzeichen der Befreiung klar zu definieren:

In der fünften Seinsweise erlebt die Seele Freudenausbrüche zusammen mit ihrem Freund, dem großmütigen, hinreißenden Fernnahen. In einer blitzartigen Öffnung, die sich sehr schnell wieder schließt, manifestiert sich der Ferne als Naher, als Allernächster sogar. Dieser Lichtstrahl hinterlässt in der Seele einen unsagbar tiefen Frieden, einen Frieden über allen Frieden. In dieser Seinsweise betrachtet die Seele sich selbst und blickt in den tiefsten Abgrund. Sie erkennt ihre eigene Schlechtigkeit, die eigene Schwäche und Torheit, während dort, auf dem Gipfel des Berges, die göttliche Güte, Weisheit und Macht zu erkennen sind. In ihrer Betrachtung sinkt sie ins Nichts, in die bodenlose Tiefe ohne Grund und erkennt schließlich, dass sie in einem ständigen Krieg lebt, so lange sie noch ihrem Eigenwillen folgt.

Dieser Blick in den Abgrund und gleichzeitig auf die Höhe des Gipfels führt sie dazu, die letzten Überreste von Hochmut, Stolz und Leichtsinn abzulegen. Dies ist das Greisenalter des Geistes, der Zustand, in dem er sein Nichts erkennt. Und durch die Erkenntnis des eigenen Nichts wird es der Seele möglich, das Wollen aufzugeben.

In der sechsten Seinsweise wird die Seele befreit.

Sie ist ein Nichts, zunichte geworden, aber Gott wirkt in ihr. Er wirkt durch sie, aber ohne sie, denn Ich und Selbst existieren nicht mehr. Sie ist umgewandelt in das, was sie mehr liebt als sich selbst. Wie ein Fluss, der ins Meer mündet, verliert sie ihren Namen und schwimmt in einem Meer der Freuden, bis sie selbst nur noch Freude ist. Sie glüht im Schmelzofen des Liebesfeuers und wird selbst zu Feuer.

Nun wird sie von Gott, ihrem wahren Urbild, geprägt. Gott ist ihr ursprüngliches Sein und zu diesem Ursprung und Ziel kehrt die Seele im sechsten Zustand heim.

Sie ist nun in der Lage, positive und negative Lebensumstände mit Gleichmut anzunehmen. Was sich auch immer ereigne – diese Seele kennt weder Schmach, noch Ehre, noch Furcht. Sie ist von den Wechselfällen des Lebens unabhängig geworden.

Wie sollte sie Gott in äußeren Dingen suchen? Sie sucht IHN nicht in Bußübungen, nicht in Sakramenten, Worten oder Werken, nicht durch Gebete in den Kirchen oder in Schriften. Sie trägt die göttliche Sonne in sich und findet ihn allüberall, wohin sie auch geht.

Auf dieser Stufe der Befreiung hat die Seele auch von den Tugenden Abschied genommen!

So lange sie den Tugenden noch sklavisch diente und deren

Anforderungen ängstlich zu erfüllen suchte, stand sie unter Zwang und war beherrscht von Furcht.

Die befreite Seele überwindet dieses Stadium, denn ein Bräutigam von hohem Adel kann die Leibeigenschaft seiner Braut niemals dulden. So löst sie sich von der sklavischen Abhängigkeit und weist den Tugenden ihren Platz als Torhüterinnen zu. Ohne Widerrede tun diese nun, was die Seele will. Gewissensbisse, Sorgen und Angst schweigen in diesem lieblichen, friedlichen, vollkommen arglosen Zustand, in dem die Seele ungestört verweilt. Nun gewährt sie der Natur, was sie verlangt. Wie sollte die in der Liebeseinheit mit Gott transformierte Natur noch etwas verlangen, was verboten wäre? Die Elemente wie Wasser, Licht, Feuer und Erde sind Teil dieses harmonischen Zusammenspiels und die Seele bedient sich in tiefstem Herzensfrieden aller geschaffenen Dinge.

Die Seele weiß, dass menschliche Vernunft und Wissenschaft Gott niemals begreifen werden, denn er ist unfassbar. Also hat sie nicht nur ihren Eigenwillen hinter sich gelassen, sie steht auch am Endpunkt ihres Wissens – sie ruht im sechsten Zustand in einer Dimension jenseits von Denken und Tun und lässt Mühe, Anstrengung und Opfer zurück.

In dieser Dimension manifestiert sich Gott als Güte, die sich verschenkt. Er ist, was Güte ist und Güte ist, was Gott ist. Er ist, der er ist. Er ist, was er durch sich ist. Er ist Liebender, Geliebter, Liebe.

Über die siebte Stufe, die hierauf folgt, können wir in unserer menschlichen Existenz nichts aussagen, denn wir erfahren diese Seinsweise erst, wenn die Seele den Körper verlassen hat.

Nun, da ihr über ein klares Bild von den sieben Seinsweisen auf dem Weg zur Liebeseinheit mit Gott verfügt, möchte ich vor einigen Verirrungen warnen.

In unserer Welt kennen wir den Stand der Krämer, dem in der Regel der Zutritt zum königlichen Hof untersagt bleibt, denn Händler und Krämer gehören dem gemeinen Volk an. Auf geistiger Ebene verstehen wir darunter Menschen, die auf sich selbst bezogen bleiben und sich engstirnig, klein und wenig großzügig verhalten.

Sie lieben den Reichtum und hüten sich vor Verlusten. Sie lieben

Wohlergehen und Wohlstand, verlangen nach Ruhm und nach Ansehen, meiden aber auch Ausschweifungen und Todsünden. Sie entschuldigen ihren fehlenden Großmut, indem sie sagen: Gott hat nichts weiter befohlen! Er hat es angeraten, mehr aber nicht!

Sie beschränken sich auf das Minimum und bleiben klein im Vergleich zu den Seelen, die in der Freiheit leben. Da sich der Hof der Geheimnisse aber nur der Liebe öffnet, bleiben sie – wie der Stand der Krämer – vom Königshof ausgeschlossen.

Eine Verirrung, die euch sicherlich noch erstaunlicher erscheinen wird, ist die folgende:

Es ist die Lebensweise der Menschen, die Tugendwerke vollbringen und ein vollkommenes Leben führen. Ja, ihr habt richtig vernommen! Ich werde euch erklären, warum auch dieser Weg eine Verirrung sein kann:

Ich spreche von all denen, die ihren Leib abtöten, Werke des Nächstenliebe verrichten, sogar den Martertod erleiden. Sie sprechen Gebete, tun dies alles aber mit einer selbstgefälligen, von sich selbst überzeugten Einstellung. Sie sind zufrieden mit sich selbst und ihre guten Taten erfüllen sie mit wohliger Genugtuung. Sie wollen nichts davon hören, dass es einen besseren Zustand gibt als den ihren.

Solche Leute werden Könige genannt, aber nur in dem Land, wo jedermann einäugig ist. Wer aber zwei Augen hat, der hält sie für Sklaven, denn sie wissen nichts von der Seinsweise, die von Selbstgefälligkeit und Ichbezogenheit Abschied genommen hat. Deshalb gibt der Spiegel den guten Rat: Zögert nicht, euch selbst zu lassen!

Auf der Grundlage seiner jeweiligen Seinsweise gestaltet der Mensch sein Leben. Es fällt ihm schwer, die anderen Zustände adäquat zu verstehen, denn er hält an seinen Überzeugungen, seinen Vorstellungen und an seinem Verhältnis zu Gott in der festen Überzeugung fest, sein Weg sei der einzig gültige.

Deshalb erschien es mir wichtig, klar den Werdegang der Seele und die Stufen der Befreiung darzustellen. Vielleicht wird euch dieser Vortrag ermutigen, ebenfalls diesen Weg zu gehen. Im sechsten Zustand verankert sich die Seele im Nichts. Dort gibt sie alles auf: Ihr Wollen, ihr Wissen, ihr Denken. Dort liefert sie sich Gott rückhaltlos, einschränkungslos aus, indem sie sich selbst auflöst und die ichbezogene Abspaltung überwindet. Dort sieht sie nichts mehr außer Gott. Sie selbst ist nicht mehr. Sie ist alles und ist doch nichts. Sie hat alles und hat doch nichts. Diese Seele ist endlich in ihr Ursprungsland zurückgekehrt.

Nach diesen letzten Worten blickt Marguerite auf und bemerkt auf den Gesichtern der Zuhörer und Zuhörerinnen einen Ausdruck gelöster Entspannung. Es herrscht eine friedliche Atmosphäre im Saal. In der Stille vernimmt sie plötzlich die mit leiser Stimme vorgebrachte Frage einer Frau: „Kann man zu diesem Weg auch berufen sein, wenn man wieder und wieder in die Sünde zurückfällt?"

Eine verzagte Bescheidenheit liegt in der Tonlage dieser Frage. Halten sich diese durch Schwerstarbeit und häufige Geburten geschwächten Frauen für unwürdige Sünderinnen, denen der edle Befreiungsweg für immer verschlossen bleibt?

Zweifellos! Die Prediger erklären, Empfängnis und die Schmerzen der Geburt seien die Strafe für die Sünde Evas. Durch den Makel der Erbsünde steht die verheiratete Frau in der Tugendhierarchie tiefer als Jungfrauen oder Witwen.

Putzsucht, Geschwätzigkeit, Launenhaftigkeit und Sinnlichkeit gelten als typische Laster des weiblichen Geschlechts, das von Natur aus weniger vernunftbegabt ist als der Mann.

Deshalb – so lehren es die Theologen – ist die Ehefrau ihrem Mann zu Ehrerbietung und Gehorsam verpflichtet. Im Verhältnis zum Ehemann spiegele sich das Verhältnis zu Gott, deshalb müsse dieser, als ihr Herr und Gebieter, die weiblichen Schwächen und Laster kontrollieren und notfalls ahnden.

Wäre sie selbst in der Lage gewesen, die Botschaft des Spiegel entgegenzunehmen, wenn sie unter denselben belastenden Bedingungen leben müsste wie diese bescheidene Frau?

Wohl kaum. Das Beginentum hat eine neue Lebensweise begründet, die vielfältige Freiheiten eröffnete – geistig und materiell. Dieser Stand ist privilegiert und auch ich bin privilegiert, denn ich war frei, ihn zu wählen, gesteht sich Marguerite freimütig ein.

Doch dann reißt sie sich los von dieser Gedankenkette und antwortet auf die Frage, die noch im Raum steht:

Erst das Einverständnis zur Sünde macht einen Gedanken oder eine Handlung zur Sünde. Die befreite Seele willigt niemals in eine Sünde ein, denn diese Einwilligung würde bedeuten, dass sie sich abwendet von Gott. Warum sollte sie etwas verbergen oder Scham empfinden? Sie selbst ist nicht mehr.

Weder Maria Magdalena, die von sieben Dämonen besessen war, noch der heilige Petrus, der seinen Herrn dreimal verleugnete, machten den Versuch, ihre Sünden zu verstecken.

Ja, wir bekennen freimütig: auch die befreite Seele hat gefehlt, auch sie ist gefallen. Habe ich nicht im fünften Zustand den Abgrund meiner eigenen Schlechtigkeit gesehen?

Ich habe aber auch erlebt, wie Gott das Geschenk seiner Gnade in diesen verabscheuungswürdigen Abgrund legte. Die Güte Gottes erwies sich an meiner Schlechtigkeit! So weiß die befreite Seele, dass Schuldgefühle ein Zeichen mangelnder Liebe sind. Sie hat – symbolisch gesprochen – die offene See erreicht und alles hingegeben, als sie sich ganz Gott auslieferte. Gott sieht sich nun in ihr, für sie, ohne sie. Wie könnte diese Seele bewusst und willentlich eine Sünde begehen, die diese Einheit mit dem göttlichen Sein wieder auflöst?

Während Marguerite noch überlegt, ob es ihr mit dieser Antwort gelungen ist, die bange Frage der Frau zu beantworten, nutzt ein Fremder die Pause, um das Wort zu ergreifen. Er trägt die Kutte der wandernden Begarden und ist von stämmiger, kräftiger Statur mit vollen, roten Wangen über dem wild wuchernden Bart. Noch während sie sprach, kommentierte er ihre Rede mit halblauter Stimme und warf bedeutungsvolle Blicke in die Runde.

Er erhebt nun seine Stimme und dröhnt mit wortgewaltigem Pathos:

„Es sind die Priester, die das Bewusstsein von Sünde und Schuld wachrufen! So unterwerfen sie die frommen Christen ihrer Herrschaft.

Man erzählt uns, allein der Priester habe in der Beichte die Macht, dem sündigen Menschen die Absolution zu erteilen und dies macht die Gläubigen unterwürfig und erpressbar.

Es gilt aber, die eigene, göttliche Natur zu entdecken und zu entfalten!"

Mit diesen wenigen Sätzen ist es dem redegewandten Fremden gelungen, die Aufmerksamkeit der Zuhörerschaft auf sich zu zentrieren. Mit triumphierenden Blicken genießt er es sichtlich, endlich im Mittelpunkt zu stehen.

Einige Frauen starren die imposante Gestalt mit offenem Mund an. Man hat schon viel von den Wanderpredigern gehört, aber dieser Mann macht keineswegs den Eindruck eines weltflüchtigen Asketen. Wer ist er? Woher kommt er?

Er lächelt geschmeichelt in die Runde, glättet den Vollbart über seinem gewölbten Bauch und wendet sich nun mit erhobenen Händen dem Publikum zu, so als habe man sich versammelt, um ihn zu hören. Noch durchdringender und beschwörender wird der mächtige Bass, als er fortfährt:

„Der Christ muss seine eigene Gottähnlichkeit erkennen und bejahen – er darf sich nicht durch Schuldgefühle schwächen lassen. Er ist von Gott dazu bestimmt, als König der Kreaturen die Natur zu beherrschen. Deshalb ist es falsch, sich mit Selbstbezichtigungen und Reuegefühlen selbst zu blockieren. Wenn sich der Mensch auf seine Macht besinnt und wenn er diese Macht ohne Einschränkung annimmt, dann lässt er sich nicht mehr durch moralische und religiöse Vorschriften einengen. Dann lebt er im Zustand der Sündlosigkeit. Er gelangt zum vollen Ausdruck seiner Persönlichkeit und schenkt den Anklagen der Kleriker kein Gehör mehr!"

Während seiner Rede hat er Marguerite den Rücken zugekehrt, aber jetzt fährt er herum wie ein gereizter Löwe, denn Marguerite, die nicht will, dass ihre Worte in ein falsches Fahrwasser geraten, greift ruhig und beherrscht ein:

In der Liebeseinheit mit Gott geht es nicht darum, das eigene Selbst zu glorifizieren. Wir haben keine übersteigerten Allmachtsphantasien. Gott wirkt erst in der Seele, wenn das Ich abgestorben ist: Ich bin nicht mehr, nur ER allein ist.

Der Einwurf scheint den Begarden zu verärgern. Er mustert Marguerite geringschätzig und trompetet dann herablassend:

„Ich kenne euer Buch sehr wohl, Schwester! Und ich habe darin einen Satz gefunden, der meine Rede bestätigt. Es ist vom Zustand der Freiheit die Rede und davon, dass solche Leute fähig wären, über ein Land zu herrschen. Auch ihr sagt also, dass der Mensch seine Vormachtsstellung erkennen, erkämpfen und behaupten muss!"

Er wirft sich in die Brust und funkelt die Begine herausfordernd an, die ihm gelassen antwortet:

Es gibt im Spiegel diesen Satz, da habt ihr Recht! Ihr habt ihn aber nicht beendet. Es heißt dort, dass solche Leute imstande wären, über ein Land zu herrschen, wenn es nötig wäre, aber ganz ohne sich selbst. Die befreite Seele hat jede egoistische Orientierung aufgegeben – sie ist sozusagen nicht mehr bei sich.

Nun bricht im Saal ein wilder Tumult aus und Fragen, Erklärungen, Antworten und Drohungen gehen im Stimmengewirr unter. Als Marguerite ihre Unterlagen zusammenpackt, fühlt sie sich plötzlich müde und erschöpft. Auf dem Weg zur Türe wird sie noch mehrmals aufgehalten und nimmt dankbar die anerkennenden Worte der Zuhörer und einiger Mitschwestern entgegen. In den hinteren Reihen sitzt ein Ordensbruder, der ihr schon beim Hereinkommen flüchtig auffiel. Er hatte zu Beginn die Kapuze tief ins Gesicht gezogen und in dieser gebeugten Stellung verblieb er auch während des Vortrags.

Nun hält er den Kopf nicht länger gesenkt. Der kahle Schädel ist unbedeckt, seine weit aufgerissenen Augen starren auf Marguerite, die kurz seinem Blick begegnet, als sie zur Tür schreitet. Plötzlich fröstelnd liest sie im hageren Gesicht des Mönchs unverhohlenen Hass.

Kapitel 7: Der Brief

Ungern gibt sich Bruder Arnaldus der Bewusstlosigkeit des Schlafes hin. Er schläft nur wenige Stunden, denn er weiß, wie machtvoll Satan wirken kann, wenn der Mensch die Kontrolle über seine Sinne aufgibt. Der Dämon belauert den ahnungslosen Träumer und bemächtigt sich der Lebenskräfte des Schlafenden, indem er ihn mit betörenden Traumbildern umgarnt. Arnaldus' Blick schweift durch die karge Mönchszelle, die vom Schein des Talglichtes nur spärlich erhellt wird und bleibt an der bildlichen Darstellung einer Höllenszenerie hängen. Schaudernd vernimmt er das meckernde, höhnische Gelächter der Teufel, die ihre Beute, fünf verzweifelte Menschenseelen, in den Feuerschlund ziehen. Er hält sich die Ohren zu, um das Heulen und Stöhnen der zur ewigen Qual Verurteilten nicht hören zu müssen: Sie werden auf sich drehende Räder genagelt, in Pech gekocht, am Spieß gebraten und in noch tiefere Abgründe geworfen. Dann steigen riesige Flammen und Funkengarben aus dem unergründlichen Schlund, schleudern die verdammten Seelen wieder in die Höhe, um sie mit Hohn und Spott zurückzuholen in die nie endende, höllische Pein.

Der Mönch Arnaldus bekreuzigt sich mit Inbrunst. Er übt sich unablässig in Wachsamkeit, um in der Stunde des Angriffs gewappnet zu sein. Er wird dem Teufel die freche Maske vom Gesicht reißen und ihm das reine Schwert der Unterscheidung in den lasterhaften, aufgedunsenen Leib zu stoßen! Die finsteren Kräfte machen auch vor den Pforten der Kirche nicht Halt. Im Gewande frommer, tugendhafter Christen schleichen sie sich ein wie der Wolf im Schafspelz, säen Unklarheit, stiften Missverständnisse, gießen Wasser in den klaren Wein der Wahrheit und verwirren schlichte Gemüter mit ihren zweideutigen Lehren. Sie geben vor, tugendhafter zu leben als die Christen, die getreu den Geboten der Kirche folgen!

Wie sehr verabscheut Arnaldus diese selbstbezogene Hoffart der Häretiker, denen es an Demut und Gehorsam mangelt! In ihrem Verhalten spiegelt sich leere Eitelkeit, jene superbia, der altbekannte Hochmut, der als hervorstechendstes Merkmal des Ketzers gilt.

Anmaßend berufen sie sich auf ihre innere Stimme und rühmen sich der Eingebungen, die ihnen angeblich zuteil werden. Blind für die subtilen Verstellungskünste des Satans halten sie ihre Phantasiegebilde für Inspirationen göttlichen Ursprungs. Sie behaupten, man müsse mehr diesem inneren Impuls folgen als äußeren Regeln.

Das besondere Interesse des Bruders gilt dem Stadtteil der Beginen.

Sein wachsames Auge ist weniger auf die ältere Generation von Frauen gerichtet, die jahrelang unauffällig und zurückgezogen lebte und ihren Dienst an den Alten und Kranken als Buße verstand. Diese Beginen verrichteten tagaus tagein widerspruchslos und entsagungsvoll die demütigendsten und niedrigsten Arbeiten! Nein, es sind die jüngeren, aufmüpfigen Frauen, die sich vorlaut gebärden und die sich sogar erdreisten, die heilige Schrift nach ihrem Gutdünken zu deuten. In der Nachbarstadt Cambrai soll eine von ihnen einem Doktor der Theologie auftrumpfend geantwortet haben:

Ihr haltet Lesungen, wir lesen aus.

Ihr sprecht, wir handeln.

Ihr erleuchtet, wir brennen.

Es sind die jüngeren Beginen, die sich einer derart anmaßenden Redeweise befleißigen.

Sie wollen so die Öffentlichkeit beeindrucken und ihre verworrenen, rührseligen Vorstellungen unters Volk zu bringen! Gleichzeitig expandiert die Wohnsiedlung der Frauen in einem Ausmaße, dass sie unübersichtlich und schwer kontrollierbar wird.

Niemand wacht über die Einhaltung der freiwilligen Armuts- und Keuschheitsgelübde. Wen wundert es also, dass Zweifel an der Tugendhaftigkeit der jungen Beginen aufkommen, die zudem noch frech und rechthaberisch auftreten? Arnaldus lächelt bitter.

Und wer gab ihnen jemals das Recht, eine Tracht zu tragen? Die Beginen sind kein kirchlich anerkannter Orden.

Der Kirchenvater Tertullian ermahnte im zweiten Jahrhundert die Frauen mit den Worten:

Weißt du nicht, dass auch du Eva bist? Du bist das Tor zum Teufel, du hast seiner Versuchung nachgegeben..." Es war Eva, die den Mann zur Sünde verleitete und das weibliche Geschlecht mit der Erbschuld belastete.

Doch dies scheint die jungen Beginen nicht mehr zu interessieren! Dreist und unverschämt setzen sie ihre vulgären Vorstellungen in die Welt, ja eine von ihnen dünkt sich sogar berufen, ein Buch in der Volkssprache zu veröffentlichen!

Bruder Humbert konnte durch sein beherztes Eingreifen die Aufführung einer gewagten Theaterszene auf dem Marktplatz verhindern. Auch Bruder Arnaldus eilte unverzüglich vor Ort, als er hörte, dass eine gewisse Marguerite Porete in der Öffentlichkeit über ihr Buch berichten würde. Diese Lesung versetzte den Mönch in einen außergewöhnlichen Erregungszustand und er ruhte und rastete nicht, bis er genügend Beweismaterial zusammengetragen hatte, um die anfechtbaren Inhalte dem Inquisitor vorzulegen.

Dann schrieb er den Brief. Sorgfältig glättet Arnaldus die Ränder des Schreibens. Keiner seiner Mitbrüder wird ihm beim Morgengebet anmerken, dass er seine Nachtruhe opferte, um für den Glauben zu kämpfen. Er stellt seine Verdienste nie selbstgefällig zur Schau!

Schon in den frühen Morgenstunden wird er die schnellstmögliche Zustellung des Schriftstücks an den Inquisitor von Lothringen veranlassen.

Er überfliegt das in makelloser Schrift beschriebene Pergament ein letztes Mal:

In der Beginensiedlung der Stadt Valenciennes lebt seit einiger Zeit eine mulier religiosa namens Marguerite Porete, die ketzerische Lehren verbreitet. Ungeachtet des Wortes des heiligen Paulus, es stünde der Frau übel an, in der Gemeinde zu reden, tritt diese Begine herausfordernd und mit belehrender Absicht in Veranstaltungen auf und versuchte sogar, durch die Aufführung einer Theaterszene ihre konfusen und provozierenden Auffassungen dem Volke schmackhaft zu machen.

Durch das unerschrockene Eingreifen unseres Ordens konnte dieses Vorhaben – Gott sei es gedankt! – vereitelt werden.

Die väterliche Sorge um das Seelenheil der einfachen Gemüter unter den Zuhörern lässt euren untertänigen Diener Arnaldus zur Feder greifen, um Euch von den gotteslästerlichen Umtrieben in dieser Stadt Bericht zu erstatten.

Die Dame Porete will den Zustand einer befreiten Seele erreicht haben, die in Willenseinheit mit Gott lebt und der kirchlichen Heilsvermittlung nicht mehr bedarf. Sie meint, auf geistliche Übungen, Fasten und Gebete verzichten zu können und verabschiedet sich von den Tugenden. Man solle bedenkenlos der Natur geben, was sie verlangt! Wer noch den Tugenden dient, lebe in Sklaverei.

Die befreite Seele schämt sich ihrer Verfehlungen nicht. Trotz der Schwächen des Fleisches lebt sie angeblich ohne Sünde.

Die Dame Porete scheut sich nicht, die oberste Autorität der Kirche in Frage zu stellen.

Sie verbreitet, die Gemeinschaft befreiter Seelen sei höherrangig einzustufen als unsere Mutter, die heilige Kirche. Anstatt Gebeten, Gottesdienstbesuchen und Bußübungen nachzukommen, solle man sich in einen Zustand ohne Gedanken versetzen und so die Grenzen der Vernunft überschreiten.

Erlaubt mir, ehrwürdiger Vater, in aller Bescheidenheit einige Bemerkungen zu diesem ketzerischen Gedankengut: Die meditative Erfahrung, die diese Unselige propagiert, ist in Wirklichkeit faule Untätigkeit des Geistes und seelischer Müßiggang. Ein Christ, der sich diesem verantwortungslosen Rückzug ergibt und ihn über das Tugendwerk stellt, vergisst sich selbst, vergisst Gott, vergisst seine Nächsten und alle Dinge, die zum Tun hinführen.

Er fällt in eine dumpfe, passive Haltung und sieht nicht mehr, dass Leib und Vernunft einen nie endenden Kampf gegeneinander führen. Der Christ muss durch Sittenstrenge und Tugendübungen die tierischen Kräfte des Fleisches niederringen und wie Dienstknechte in Arbeit einspannen. Wir müssen die niedere Hälfte des Menschen, diesen Leib nämlich, hassen und ihn wie einen Todfeind bekämpfen, der uns in die Sünde zu ziehen droht.

Diese Kampf kann der Christ nur gewinnen, wenn er sich gehorsam der obersten Autorität der heiligen Kirche unterwirft und die Gebote befolgt. Mit Gehorsam unterwirft der Mensch die tierische Natur der höheren Vernunft. Faule Untätigkeit, wildes Aufbegehren gegen die Tugendregeln und trotzige Aufsässigkeit sind Merkmale einer Verblendung, die sich als „Freiheit" ausgibt, in Wirklichkeit aber Teufelswerk ist.

Ebenso gefährlich ist die schamlose Verharmlosung der Sünde. Durch irrige, leichtfertige Auffassungen über Sünde und Schuld wird die Furcht vor Gott und seinem Strafgericht gemindert.

Die Begine beruft sich in ihrer Hetzschrift dreist auf den heiligen Augustinus und zitiert den Ausspruch: Liebe und tue, was du willst! Ihre Ausführungen rücken dem „sündlosen" Zustand des berüchtigten Amalrich von Bena verdächtig nahe. Vor hundert Jahren vertrat dieser Pariser Magister die Irrlehre, Himmel und Hölle seien von rein symbolischer Bedeutung.

Wer in der Todsünde lebe, befände sich bereits in der Hölle. Seine Anhängerschaft verbreitete den verräterischen Satz: Den in der Liebe Stehenden wird keine Sünde zugerechnet.

Amalrich fand seine gerechte Strafe: Der Verstorbene wurde exhumiert und man verstreute seine Asche in alle Winde. Sein Schülerkreis wurde zum Feuertod oder zu lebenslänglicher Kerkerhaft verurteilt. Flackern diese verwerflichen Ideen der Amalrikaner heute wieder auf? Verbreiten sie sich in den unkontrollierbaren Siedlungen der Beginen?

Dann ist es unsere Aufgabe, den teuflischen Machenschaften mutig zu begegnen und den wahren Glauben standhaft zu verteidigen.

Arnaldus betrachtet zufrieden das Schriftstück, fügt noch einige Grußfloskeln hinzu und unterzeichnet es schwungvoll. Dann eilt er zum Morgengebet.

Er weiß sehr wohl, dass es im Ketzerinquisitionsverfahren nur zweier Anklagen bedarf und dass die Namen der Ankläger geheim bleiben. Man wird weder ihn noch Bruder Humbert mit lästigen Fragen behelligen.

Armer Humbert! Der Mönch lächelt gönnerhaft. Der Mitbruder frönt zwar zuweilen der Sünde der Völlerei, ist aber gegen den Pesthauch der Häresie völlig immun. In Glaubensfragen ist er ein treuer Diener der Kirche. Dies wird seine Seele retten!

Ist es nicht ein Akt der Gnade, denkt Arnaldus, während er das

Morgengebet rezitiert, die verirrten Schafe, die räudigen Lämmer noch in diesem Erdenleben zu Reue und Sühne zurückzuführen? Wenn sie der Ketzerei entsagen und ihre Sünden abbüßen, wenn sie Bitternis und Leiden geduldig ertragen, dann entgehen sie vielleicht dem ewigen Feuer der Hölle und erreichen noch die rettende Insel des Fegefeuers.

Kapitel 8: Ehre und Schmach

Einige Wochen später trauert der Beginenhof um Oda.

Der Tod der Vorsteherin des Konvents trifft Marguerite besonders schmerzlich, denn Oda war ihre engste Vertraute und ermutigte sie zum Schreiben. Ja – die spirituelle Suche der Beginen ist es wert, schriftlich festgehalten und überliefert zu werden!, beteuerte die alte Dame immer wieder mit Nachdruck und teilte ihren reichen Erfahrungs- und Erinnerungsschatz mit Marguerite.

Ihre persönliche Lebensgeschichte aber blieb zunächst ein sorgsam gehütetes Geheimnis. Mit einer abwehrenden, heftigen Geste wies sie stets die neugierigen Fragen der jungen Begine zurück und verschwand schnell in ihrer Kammer. Erst allmählich, gegen Ende ihres Lebens, als ihre Kräfte nachließen, begann sie, stockend über ihre Kindheit und Jugend zu berichten und enthüllte widerstrebend ihren abenteuerlichen Werdegang. Dieser Vertrauensbeweis rührte Marguerite zutiefst und um ihre Dankbarkeit zu zeigen, begleitete sie Odas Erinnerungsschübe mit dem zarten Einfühlungsvermögen einer Schwester oder engen Freundin. Da traten verkapselte Ängste und unaufgelöste Knoten zutage, uralte, längst vergessen geglaubte Verletzungen meldeten sich mit einem Male mit überwältigender Intensität zu Wort und die bange Frage nach dem tieferen Sinn dieses Lebens bebte durch die Berichte der redlichen, alten Frau.

Marguerite sieht das ängstliche Mädchen vor sich, das sich an den Rockschoß der Mutter klammert. Mutter und Töchterchen werden eine Pilgerreise nach Huy antreten, denn dort lebt eine außergewöhnliche Frau als Reklusin, die im Ruf der Heiligkeit steht. Ihre Visionen und Prophezeiungen haben sich stets bewahrheitet und sind weit über die Region Lüttich hinaus berühmt. Tagtäglich warten vor ihrem Fenster Ratsuchende, Kranke, Verzweifelte und Neugierige und auch die beiden Pilgerinnen werden Yvetta aufsuchen, um ihren Rat zu hören.

Die Einsiedlerin wurde vor vielen Jahren nach einem alten, kirchlichen Ritus in ihrem Hause eingemauert. Mit der Außenwelt steht sie nur noch über ein Fenster im Erdgeschoss in Verbindung. Das andere Fenster öffnet sich zur Kapelle hin, so dass Yvetta dem Gottesdienst beiwohnen kann.

An der Hand seiner Mutter tritt das Mädchen nun vor die vergitterte Luke. Die Reklusin schaut es lange forschend an.

Unter dem wohlwollenden Blick blüht die verängstigte Oda auf – ihr ist, als umhülle sie eine warme, weiche Wolke von Vertrauen und Güte, die ihre Scheu blitzartig hinwegfegt. Spontan überreicht sie der Frau hinter dem Gitter einen Strauß unterwegs gepflückter Schafgarbenblüten.

Yvetta nimmt das Geschenk mit einem hellen, jugendlichen Lachen entgegen. Dann spricht sie mit bewegter Stimme über die heilende Kraft dieses Gewächses, das offenen Wunden die Fäulnis nimmt und in pulverisierter Form innere Wunden heilt.

Auch ihre kleine Tochter trage die Fähigkeit in sich, kranke Menschen zu heilen, sagt sie dann, zur Mutter gewandt.

Oda versteht nur wenig von den geflüsterten Prophezeiungen, die das Verhalten ihrer Mutter von diesem Zeitpunkt an grundlegend veränderten. Es müssen aber merkwürdige, beunruhigende Dinge gewesen sein, denn von nun wurde Oda mit äußerster Strenge unablässig zur Erfüllung ihrer täglichen Pflichten angehalten und der besorgte Blick ihrer Mutter ruhte auf ihr – keine Träumerei, kein Müßiggang, keine Sekunde der Untätigkeit war dem Kind von Stund an vergönnt.

Oda verweigerte die Arbeit nicht. Sie beschäftigte sich mit Weben, Sticken, Stopfen und Nähen, aber sie wurde einsilbig, verschlossen und zog sich immer mehr zurück.

Eines Tages hörte die Heranwachsende durch die halb geöffnete Türe, wie sich Eltern und Verwandte berieten. Es ging um eine bevorstehende Heirat und mit Entsetzen musste sie feststellen, dass von ihr selbst die Rede war. Die Familie arrangierte bereits ihre Verheiratung! Da war es genug! Oda verließ zu nächtlicher Stunde heimlich ihr Elternhaus und suchte im neu gegründeten Beginenhaus der Stadt Zuflucht, wo sie freundlich aufgenommen wurde. Die enttäuschten Eltern forderten ihre sofortige Rückkehr. Welche Schmach hatte die Flucht der Tochter über eine angesehene Patrizierfamilie gebracht!

Oda, die in ihrem Elternhaus wie eine Fremde gelebt hatte, fügte sich voller Freude und Enthusiasmus in das Gemeinschaftsleben ein und weigerte sich zurückzukehren.

Das Haus der frommen Frauen stand damals unter gräflicher Schutzherrschaft und auch der Bischof von Cambrai hatte sich öffentlich mit lobenden Worten über die neue, bahnbrechende Lebensweise der Beginen geäußert. Angesichts dieser hervorragenden Reputation des Zufluchtsortes ihrer Tochter trösteten sich Odas Eltern schnell über den Verlust hinweg und allmählich verstummten ihre Klagen über das missratene Kind.

Hatte Yvetta diese Entwicklung vorausgesagt? Wollte die Mutter mit unnachsichtiger Strenge und mit unerbittlicher Kontrolle den Lauf der Dinge verhindern? Oda erfuhr die Wahrheit nie, denn ihre Mutter verweigerte die Auskunft.

Mit Begeisterung schloss sich die junge Begine damals den Schwestern an, die als Krankenpflegerinnen die „lebenden Toten" betreuten – so bezeichnete man die aus der Gemeinde verbannten Leprakranken.

Mit wachsendem Entsetzen sah die junge Frau die Knoten in den Gesichtern der Kranken, die Schwellung der Augenlider und der Lippen. Später brachen die Knoten zu Geschwüren auf und auch Hände, Füße und Gelenke wurden schleichend vom Aussatz befallen. In den Anfangsjahren zitterte sie vor Angst, während sie das Wasser herbeischleppte, die Wäsche säuberte und Botengänge übernahm. Sie ertrug nur mit äußerster Kraftanstrengung die explosiven Wutausbrüche der Ausgestoßenen, die sehr wohl wussten, dass ihr schrecklicher Anblick Angst hervorrief. Gerne zogen sie im Siechenmantel und mit der Lazarusklapper vor die Stadttore, um den reisenden Händlern ein Almosen abzunötigen. Diese kauften sich hastig los, um dem Anblick der heimtückischen Seuche nicht länger ausgesetzt zu sein. Nein, leicht war es nicht, den Abscheu vor der Seuche zu überwinden!

Erst Jahre später kostete sie die tägliche Wanderung ins Leprosenheim außerhalb der Stadtmauern keine Überwindung mehr. Sie ekelte sich nicht mehr beim Säubern der Wunden. Sie blickte den entstellten Menschen in die Augen und tat alles, um ihre Schmerzen zu lindern. Und sie begleitete die Sterbenden, deren Übergang oft ein harter, schmerzhafter Kampf wurde, denn sie hingen noch mit jeder Faser ihres Seins an dieser elenden, körperlichen Existenz. Warum hat mich Gott gestraft? Was habe ich getan? Warum ausgerechnet ich?, haderten die Leprakranken und diese bange Frage begleitete sie bis zuletzt. Dann zeigte der Tod sein grausames, leidvoll verzerrtes Gesicht.

Warum hatte sie die schwierigste aller Aufgaben gewählt? Hätte es nicht andere, sinnvolle Betätigungen in der Gemeinschaft gegeben? Weil sie es wollte! Sie fühlte in sich den inneren Impuls, das Leiden dieser verstümmelten, ausgestoßenen Menschen zu lindern.

Schon als Kind ergriff sie ein tiefes Mitgefühl, wenn ihr der Blick eines gedemütigten Wesens begegnete und jede Begegnung dieser Art hinterließ in ihrem Herzen blutige Spuren. Sie musste und wollte helfen und das Glücksgefühl, das sie dabei erfüllte, war Belohnung genug. Sie fühlte sich heimisch in ihrer Tätigkeit und neue Energien flossen ihr zu. Die Arbeit entsprang einem inneren Bedürfnis, sie war keine Bußübung!

Oda wurde erstaunlich beredt, wenn sie sich von Frömmelei und Askese distanzierte. Sie wollte nichts mit den bußfertigen Mägden zu tun haben, die mit verbissener Entschlossenheit die demütigendsten und verschmähtesten Arbeiten übernahmen, nur, um vor Gott Punkte zu sammeln oder in Selbstgefälligkeit zu schwelgen. Bei Oda hatte der jahrzehntelange, harte Dienst an den Siechen jede egoistischer Koketterie mit dem Leiden ausgemerzt.

In den ersten Wochen nach Odas Dahinscheiden füllen sich Marguerites Augen mit Tränen, wenn sie den leeren Platz der Vorsteherin im Refektorium wahrnimmt oder wenn sie an ihrer Kammertüre vorbeigeht. Sie leidet unter dem schmerzlichen Verlust der mütterlichen Freundin und manchmal ergreift sie die Vorahnung, dass der Tod Odas der Auftakt für eine Kette leidvoller Erfahrungen sein könnte ...

Das zähe, beklemmende Gefühl, das sie nach der abrupt beendeten Lesung auf dem Marktplatz zum ersten Mal überfiel, kehrt immer häufiger wieder und lähmt ihre Energien.

Damals ergriff die Jongleurin ihre Hand und betrachtete eine Weile die Innenfläche. Dabei sprach sie kein einziges Wort. Ihr Blick wirkte leer und verloren, so als sähe sie eine andere, versteckte Ebene dieser Wirklichkeit.

Nach einigen Minuten begann sie, sich tanzend zu bewegen. Wie von unsichtbaren Fäden gezogen vollführte ihr magerer Körper einen traurigen Tanz, zu dem der Musikant einen hämmernden Trommelrhythmus schlug. War dies ein Totentanz?

Marguerite schüttelt diese traurige Erinnerung stets schnell wieder ab und sagt sich beschwichtigend, dass zu Schwermut und Sorge kein Anlass besteht. Die Zeit wird ihr helfen, die Trauer um ihre beste Freundin zu überwinden. Doch immer wieder bricht die Melancholie durch und überschattet sogar die glücklichen Augenblicke ...

Den Brief des Bischofs von Cambrai erhält sie an einem warmen Sommermorgen.

Mathilde ist soeben von ihrem Spaziergang zurückgekehrt und sonnt sich schnurrend auf dem Fenstersims. Sie wirft Marguerite schmeichelnde Blicke zu, aber die Begine schenkt ihr heute keine Beachtung. Schon seit geraumer Zeit starrt sie fassungslos auf einen Brief, dessen Sinn sie nicht zu verstehen scheint. Guy II de Colmieu teilt ihr mit, dass zwei Anklagen wegen Ketzerei gegen sie vorliegen. Man beschuldigt sie, in dem Buch Spiegel der einfachen Seelen altbekannte Häresien aufzugreifen und unter dem einfachen Volk zu verbreiten.

Der Inquisitor von Lothringen habe die Anschuldigungen überprüft und sei zu dem Urteil gelangt, dass diese Anklage in vielen Punkten zutreffend und berechtigt sei.

Um der Verbreitung dieser Irrlehren Einhalt zu gebieten, verfüge die Inquisition die öffentliche Verbrennung der ketzerischen Schrift. Alle im Umlauf befindlichen Exemplare seien auf dem Marktplatz von Valenciennes zu sammeln und dem Feuer zu übergeben. Wer Abschriften heimlich aufbewahre, weiterverbreite oder inhaltliche Aussagen wiederhole, werde mit dem Kirchenbann belegt.

Man sehe von einer Häresieanklage gegen die Verfasserin vorläufig ab, um ihr Gelegenheit zu geben, ihre Zerknirschung und Reue über diese verhängnisvollen Irrtümer zu bekunden. Der Bischof rät ihr, durch eine weltentsagende und bescheidene Lebensweise ihren guten Willen zu zeigen. Sie sei aufgerufen, selbst der Weiterverbreitung dieser Schrift entgegenzutreten und die häretischen Inhalte zu widerrufen. Man sei geneigt, ihre persönliche Anwesenheit bei der Verbrennung der Bücher als öffentliches Zeichen ihrer Reue zu werten. Dadurch könne sie ihre Bereitschaft unter Beweis stellen, in religiösen Fragen hinfort Mäßigung, Bußfertigkeit, Bescheidenheit und Zurückhaltung walten zu lassen, wie sich dies für eine Frau geziemt.

Erst nach mehrmaligem Lesen erfasst Marguerite die Tragweite dieses Inquisitionsbeschlusses und ihre Gedanken überstürzen sich.

Hat sich der Inquisitor mit der Freiheitslehre auseinandergesetzt oder hat er – wie dies üblich ist – Sätze aus dem Zusammenhang gerissen und missverständlich interpretiert? Hat er die Stellungnahme von Gottfried von Fontaines und die Gutachten der anderen Theologen berücksichtigt? Auf welche Textstellen stützt sich der Inquisitor, wenn er zu der Auffassung gelangt, das Buch greife alte Ketzerlehren auf?

Ist der Kirche der unglaubliche Siegeszug des Spiegel ein Dorn im Auge?

Hunderte von Abschriften zirkulieren und in vielen Zentren wird bereits an weiteren Kopien gearbeitet. Sogar Übersetzungen in andere Sprachen sind in Vorbereitung und wandernde Beginen und Begarden sorgen für die Weiterverbreitung des Textes über die Grenzen Frankreichs hinaus.

Für viele Menschen ist die befreite Seele zum Lebensziel geworden. Sie sind sich der Stufenfolge und der möglichen Irrwege der Seele bewusst.

Warum aber sollten diese ernsthaften Sucher und Sucherinnen der Kirche lästig sein? Sind sie nicht vielmehr eine Quelle der Inspiration? Sie streben nicht nach Abspaltung oder gar nach dem Aufbau einer „Gegenkirche", wie dies von früheren Ketzerbewegungen berichtet wird. Nein – die befreiten Seelen tragen und belehren und ernähren die ganze Heilige Kirche.

Marguerite wird die Inhalte des Buches nicht widerrufen! Sie wird auch keine Reuebezeigungen abgeben und noch weniger an der Verbrennungsstätte erscheinen! Sie wird an der Wahrheit festhalten! Ohne Verzagtheit, ohne Kleinmut, ohne feiges Zurückweichen wird sie weiterhin in der Wahrheit leben, in der tiefen Gewissheit, dass dieses Werk auf göttlicher Inspiration beruht. Die Inhalte des Buchs sind nicht ihrem Denken entsprungen, sondern in einem Zustand tiefsten inneren Friedens entstanden, der sie die Nähe Gottes fühlen ließ. Sie sind das Herzstück der Beginentradition und die rasche Verbreitung der Schrift zeigt, dass sich viele Menschen von dieser Botschaft angesprochen fühlen.

An vielen Stellen lehrt der Spiegel, Wahrhaftigkeit zu schätzen:
Der, welcher ist, was er glaubt,
der glaubt wahrhaftig.
Wer aber glaubt, was er nicht ist,
der lebt nicht, was er glaubt.
Und er glaubt nicht wahrhaftig.

Was sollte sie bereuen? Wofür sollte sie Buße tun?

Dafür, dass sie die Liebes- und Willenseinheit mit Gott als höchstes Ziel des Stufenwegs betrachtet?

Dafür, dass sie rät, die göttliche Sonne in sich selbst und nicht in Kirchen und Münstern zu suchen?

Dafür, dass sie schildert, wie die Seele ihren Namen, ihr altes Ich verliert, wenn sie sich dem göttlichen Strom überlässt?

Dafür, dass sie die Liebe höher bewertet als vernunftgeleitete Tugendwerke?

Dafür, dass sie über den direkten, unmittelbaren Kontakt zu Gott spricht?

Dafür, dass sie den Zustand der Selbstvergessenheit und des Nichtdenkens beschrieben hat?

Nein, sie wird den Ratschlägen des Bischofs nicht folgen!

Gleichzeitig aber fühlt Marguerite wehen Herzens, wie schwer die Umsetzung jener Weisheit ist, die der Spiegel der befreiten Seele zuschreibt: Diese nimmt Widerwärtigkeiten und Schmach mit demselben Gleichmut hin wie Glück und Anerkennung. Sie begrüßt Leiden genauso wie Freuden, Armut genauso wie Reichtum, Missachtung genauso wie Ehren. Bisher wusste sie nicht, wie schwer, wie unendlich schwer es ist, diesen Gleichmut des Wechselfällen des Lebens gegenüber aufrechtzuerhalten.

Sie lebte im Elternhaus als behütete Tochter und nach ihrem Eintritt in den Konvent fühlte sie sich von Odas Fürsorge wie von einem unsichtbaren Schutzwall umgeben. Ist jetzt der Zeitpunkt gekommen, wo sie das Leben über den Winden und Regengüssen praktisch kennen lernen muss?

Als die kleine Gemeinschaft über die Nachfolge Odas berät, verspürt Marguerite eine merkliche Veränderung im Verhalten der Mitschwestern. Die eingeschüchterten Frauen behandeln sie mit höflicher, aber kühler Distanz und sogar Anna, die Kopistin, mit der sie unzählige Stunden in der Schreibstube verbracht hat, ist reservierter und einsilbiger als sonst.

Selbstverständlich ist Marguerite der Aufforderung des Bischofs nicht gefolgt, an der Verbrennungsstätte der Bücher zu erscheinen und die anderen Beginen sprechen nicht über dieses Thema. Man eilt an ihr vorbei und beschleunigt sogar seinen Schritt, um jedes Gespräch zu vermeiden.

Einstimmig wählen die Frauen Martha zur Vorsteherin, eine jüngere Begine, die streng auf Disziplin achtet und die um die Reputation des Konvents besorgt ist. Mit Feuereifer spricht sie sich dafür aus, den Vorschriftenkatalog der Gemeinschaft zu erweitern und sich die Ordensregeln der Klosterschwestern zum Vorbild zu nehmen. Sie sieht sich als gehorsame Tochter der Kirche, betont sie und ist gewagten Experimenten abhold. Deshalb werde sie die Kontakte des Konvents zu Pfarrer, Bettelmönchen und den Klöstern enger knüpfen als ihre Vorgängerin. Dabei weicht sie dem Blick Marguerites aus.

Martha fehlt die tiefgründige Kenntnis der Beginentradition, die Oda noch besaß!

Verspricht sie sich von einer Erweiterung des Regelsystems die Anerkennung der Kirche?

Schon im Spiegel wurden die beiden unterschiedlichen Reaktionen der Schwestern Martha und Maria kommentiert – demnach ist es Maria, die den wahren Seelenfrieden gefunden hat, nicht Martha. Die neue Sprecherin des Konvents trägt ihren Namen zu Recht!, denkt Marguerite bitter, aber sie hält sich zurück und schweigt.

Wenige Tage nach der Wahl wird sie von der Vorsteherin um ein Gespräch gebeten. Martha überbrückt ihre offensichtliche Verlegenheit mit wortreichen Entschuldigungen, dann gesteht sie:

„Ich habe dein Buch selbst noch nie studiert und kann mir deshalb kein Urteil darüber erlauben. Ich vertraue in Glaubensfragen auf die Autorität der Kirche. Nun ist aber der gesamte Konvent betroffen und in Misskredit geraten, denn in seiner Mitte ist ein ketzerische Buch entstanden. Deshalb halten wir alle es für ratsam, in Zukunft auf die Einmischung in theologische Streitfragen zu verzichten und jede Auffälligkeit zu vermeiden."

Martha wirft einen prüfenden Blick auf Marguerites bleiches Gesicht, dann ergänzt sie schroff:

„Der Konvent bittet dich, deine Sachen zu packen und in den kleinen Anbau neben unserem Haus zu ziehen. Durch diese räumliche Trennung werden wir weniger mit den Ketzerlehren identifiziert und so wird die Gemeinschaft entlastet. Ein selbst gewählter, freiwilliger Rückzug wie dieser entspricht auch der bischöflichen Anordnung und so können wir warten, bis Gras über die ganze Angelegenheit und das unselige Buch gewachsen ist! Dann kannst du wieder zu uns zurückkehren!"

Marguerite antwortet mit keinem einzigen Wort. Ihr Herz schmerzt so, als habe sie eine schwere Verwundung erlitten. Mit letzter Kraft öffnet sie die Türe und wankt in ihr Zimmer.

Nun trägt sie das Mal der Geächteten, der Verfemten! Die frommen Mitschwestern betrachten sie als Sicherheitsrisiko und verweisen sie des Hauses.

Als sie ihre Habe packt, um in das verstaubte und verlassene Nebengebäude zu ziehen, kann sie nicht verhindern, dass ihr die Tränen über das Gesicht fließen und dieser Strom will nicht versiegen. Sie werkelt, putzt und reinigt, doch nichts vermag das Gefühl der

Verlassenheit zu verdrängen, das sich mit einem Mal wie ein Mühlstein auf ihr Herz gelegt hat.

Marguerite greift nach dem letzten Exemplar des Spiegel, das sie in ihren Kleidern versteckt hält und liest das Schlusslied, das prophezeit, dass es die geistlichen Leute sein werden, die sie des Irrtums bezichtigen. Die Priester, Kleriker, Prediger, die Augustiner, die Minderbrüder und die Beginen werden an der Wahrheit dieses göttlichen Liedes zweifeln. Sie werden die Stimme des Heiligen Geistes, des großzügigen und freigebigen Freundes, nicht hören, nicht verstehen wollen.

Nachdenklich, das Gesicht voller Tränen, verstaut Marguerite das angeblich häretische Schriftstück in ihrem Gepäck, dann geht sie langsam in die verfallene, bescheidene Behausung nebenan. Das Gebäude ist schon seit Jahren unbewohnt und vernachlässigt.

In der Hoffnung, dass harte, körperliche Arbeit die schwermütigen Gedanken zerstreut, setzt sie all ihre Energie daran, den Raum gründlich zu säubern und ihm etwas mehr Behaglichkeit abzugewinnen. Da hört sie Annas Stimme! Die Kopistin bietet ihre Mithilfe an und verspricht, sie regelmäßig mit den nötigen Lebensmitteln zu versorgen. Es entwickelt sich ein kleines Gespräch und die isolierte und vereinsamte Marguerite ist für die wenigen Worte unendlich dankbar!

Anna berichtet, dass immer mehr Frauengemeinschaften im gesamten Land vom Häresieverdacht betroffen sind, denn die Kirche demonstriert zunehmend ihre Entschlossenheit, Abweichungen zu verurteilen. Die Inquisition will verhindern, dass sich Frauen ein Wissen aneignen, das ihnen nicht zusteht! In Colmar und Basel hat man bereits Gemeinschaften der Ketzerei bezichtigt und einzelne Mitglieder festgenommen. Angeblich ist es die Sekte der Freigeister, die das Beginentum gezielt unterwandert und die in diesen Kreisen begeisterte Anhängerinnen für ihr gefährliches Gedankengut findet. Allmählich öffnet sich eine tiefe Kluft zwischen den ehrbaren, unbescholtenen Frauen und denjenigen, die für Ausschweifungen, häretische Tendenzen und Aufwiegeleien empfänglich sein sollen, erzählt Anna besorgt.

Die Konvente sind beunruhigt und haben Angst! Viele Mitschwestern vertreten die Auffassung, man müsse in diesen schweren Zeiten auf der richtigen Seite stehen und dürfe keinerlei Anlass für Verdächtigungen bieten. Martha, die neue Vorsteherin, lebt in gutem Einvernehmen mit Pfarrer und Ordensleuten und strebt danach, die Hausordnung stärker an die Klosterdisziplin anzubinden. Und diese Ziele befürwortet inzwischen auch die Mehrheit des Konvents. Wie erklärt sich dieser Stimmungswechsel? Wurde mit weiteren Anklagen gedroht? Was haben die Mitschwestern ihr persönlich vorzuwerfen?

Bevor Marguerite all diese Fragen stellen kann, entweicht die eilige Besucherin in den Garten.

Nun hat Marguerite genug Muße, den Spiegel aus ihrem Versteck zu holen und erneut die Worte zu lesen, die in diesem Lebensabschnitt eine völlig unerwartete Bedeutung annehmen. Die Zeilen, die sie wie zufällig aufschlägt, sprechen davon, dass die befreite Seele Schluss macht mit der Welt. Nach diesem Abschied können ihr weltliche Belange nichts mehr anhaben, weder Fleisch, noch Sünde, noch Feinde. Sie lebt verborgen in Gott.

Kapitel 9: Angst und Verfolgung

In ihrer neuen Unterkunft schläft Marguerite sehr unruhig und schreckt immer wieder hoch. Es ist nicht nur die ungewohnte, primitive Umgebung, das Trappeln der Mäuse, das Knarren der Deckbalken und der muffige Geruch, auch von außen dringen beunruhigende Geräusche an ihr Ohr. Sie wacht auf und glaubt, halblaute Stimmen, Pfiffe und Gemurmel gehört zu haben. Ist sie auf dem verlassenen Gelände nicht allein? Doch wer könnte hier nachts sein Unwesen treiben? Menschen, Tiere – Geister?

Sie hält wachsam Ausschau und legt sich erst zu vorgerückter Stunde zur Ruhe, aber im Garten ist niemand zu sehen. Schließlich versucht sie, die nächtlichen Geräusche zu ignorieren. Wahrscheinlich haben mich die Belastungen der letzten Wochen mehr strapaziert als ich dachte, gesteht sie sich ein. Ich fange schon an, unter Einbildungen zu leiden!

Doch die beängstigenden Ereignisse wiederholen sich jede Nacht mehrmals und nehmen zu an Intensität: Kaum ist sie müde und erschöpft eingeschlummert, schreckt sie wieder hoch und die seltsamen Laute, die sie abrupt aus dem Schlaf rissen, hallen ihr noch im Ohr.

Nach einigen Wochen spürt Marguerite bereits die ersten Folgen des anhaltenden Schlafmangels. Sie beschließt, sich jeden Abend frühzeitig zurückzuziehen und während der schlaflosen Perioden der Nacht zu beten und Schutz zu erflehen. Also singt sie am frühen Abend halblaut das Salve Regina und fällt dann schnell in einen tiefen Schlaf.

Im Traum sieht sie deutlich eine Person – einen kleinen, unscheinbaren Mönch mit einem hageren, strengen Gesicht. Er schwenkt eine Fackel. Seine Gesichtszüge sind wutverzerrt und er geht rasch und zielbewusst auf Marguerite zu.

„Verbrennt die Ketzerin!", skandiert er dabei mit schriller Stimme. Sie weicht nicht zurück. „Was habt Ihr mir vorzuwerfen?", fragt sie mutig und versucht, ihn am Ärmel seiner Kutte zu fassen.

Mit entsetzt aufgerissenen Augen weicht der Ordensbruder vor ihren Zugriff aus und hält sie mit der Fackel auf Distanz. Dabei bedient er sich der lodernden Flamme, als sei es eine todbringende Waffe.

„Rühre mich nicht an, du Ausgeburt des Satans!", schreit er mit bebender Stimme und für einige Augenblicke stehen sich beide Aug in Auge gegenüber, als wollten sie kriegerisch ihre Kräfte messen.

Noch immer ist Marguerite frei von Angst. „Was habt Ihr mir vorzuwerfen?", wiederholt sie und geht erneut auf ihn zu.

Da schleudert er der Frau die Fackel vor die Füße und ergreift, seine Kutte zusammenraffend, die Flucht.

Mit einem unterdrückten Schrei fährt Marguerite hoch. Da – was war das?

Der Alptraum hat sie geweckt – aber ist nicht auch von außerhalb ein zischendes Geräusch an ihr Ohr gedrungen? Durch die Ritzen des wurmstichigen Holzladens bricht ein greller Lichtschein und verbreitet eine für die Jahreszeit ungewöhnliche Wärme.

Schlaftrunken erhebt sich die Begine und tastet sich suchend bis zur Türe. Wie üblich hat sie den Eingang verriegelt und sogar noch mit einer schweren Holztruhe gesichert.

Sie hat schon von nächtlichen Übergriffen jugendlicher Banden auf allein lebende Frauen, meist Witwen ohne familiären Schutz, gehört und so ist nicht auszuschließen, dass sie, die zwangsisolierte Begine unter Häresieverdacht zum Angriffsziel verblendeter, primitiver Menschen wird.

Sie ist sich des Risikos bewusst, als sie nun vorsichtig und so lautlos wie möglich den Riegel zurückschiebt und behutsam die Türe öffnet.

Da fällt sie der Schrecken an wie ein wildes Tier: Über der Türöffnung ist eine lodernde Pechfackel befestigt, die düstere Schattenbilder an die modrige Hauswand wirft. Der Wind peitscht die Flamme hin und her und lässt sie gespenstisch aufflackern.

Von der unerwarteten Lichteinstrahlung geblendet greift Marguerite nach der Fackel und löscht sie mit zitternden Händen in der Regentonne, die neben dem Haus bereitsteht.

Jetzt umgibt sie das undurchdringliche Dunkel einer Neumondnacht und sie beeilt sich, wieder ins Haus zu gelangen. Da dringt aus dem dichten Gebüsch am Rande der Mauer ein irrer Schrei, gefolgt von einem höhnischen Lachen.

Marguerite erstarrt. Mit fahrigen Bewegungen sichert sie den Eingang von innen und versucht, zur Ruhe zu kommen, aber es gelingt ihr nicht. Es ist, als habe sich der Terror in ihr eingenistet, als verbrenne er ihren Körper von innen mit panischer Angst. Sie versucht zu beten, aber die schrecklichen Phantasien, die in ihrem Kopfe kreisen, sind stärker als ihr Wille, sie beherrschen ihr Bewusstsein und überlagern ihre Gedanken.

„Heilige Maria, Mutter Gottes," stammelt sie tonlos und wieder: „Heilige Maria, Mutter Gottes ...". Die Gebete sind wie angstbeschwörende Formeln.

Was kann sie tun? Sie kann nur das Tageslicht erwarten und dann nach Spuren suchen!

Eine Stunde später – Marguerite befindet sich gerade in einem halbschläfrigen Zustand – ist erneut ein zischender Laut zu vernehmen. Sie lauscht mit angespannten Sinnen. Da – wieder dringt ein Lichtstrahl durch den sorgfältig geschlossenen Holzladen. Hörte sie nicht auch flüsternde Stimmen, ein unterdrücktes Lachen?

Diesmal wagt sie es nicht, die Türe zu öffnen. Sie krümmt sich auf der schweren Holztruhe zusammen und verbringt den Rest der Nacht schlaflos, das Sonnenlicht herbeisehnend.

Als zaghaft und zart die ersten Vogelstimmen ertönen, atmet sie erleichtert auf und gleitet dann sachte in einen kurzen, aber tiefen Schlaf. Sie erwacht erst, als es draußen schon taghell ist. Hastig reibt sie ihre tauben Arme und Beine, dann schreitet sie zur Türe und öffnet sie vorsichtig.

Ihre nackten Füße berühren das feuchte Gras – die perlenden Tautropfen fangen die Morgensonne in schillernden Farben auf. Wie schön könnte das Leben in dieser Abgeschiedenheit sein! Wie schön wäre ein Leben ohne Angst, in Einklang mit den Rhythmen der Natur! Aber da sind Menschen, die sie bedrohen und ihr vielleicht sogar nach dem Leben trachten!

Forschend durchstreift sie den Garten und sucht nach Spuren.

Nichts! Oder doch! Wie zufällig liegt unter dem Fenster ein Holzscheit. Marguerite fühlt, dass die Schnittstellen des Holzes frisch sind – es wurde erst kürzlich zurechtgeschnitten. Ihr Herz beginnt zu rasen.

Haben die nächtlichen Ruhestörer den Scheit verloren oder absichtlich vor die Hütte gelegt? Was soll dieses Zeichen bedeuten?

In Marguerite keimt ein furchtbarer Verdacht auf, aber sie drängt ihn sofort zurück. Nein – das kann nicht sein!

Von nun an flammt in jeder Nacht die Fackel auf, begleitet von höhnischem Gelächter, von irren Schreien und unheimlichen Tierlauten. Morgens liegt als einzige Spur des nächtlichen Treibens ein neuer Holzscheit unter dem Fenster.

Der Verfolger scheint nicht müde zu werden, nicht zu schlafen, weder Sturm, Regen noch Kälte zu fürchten. Über Monate und Jahreszeiten hinweg wiederholt er hartnäckig sein grausames, nächtliches Ritual.

Die Angst wird nun die ständige Begleiterin Marguerites. Sie fühlt, wie sich ihre Kraftreserven langsam erschöpfen und wie sie unaufhaltsam in den Abgrund des Schreckens sinkt. Auch tagsüber findet sie keine Ruhe mehr. Überall sucht sie nach Spuren, fühlt sich beobachtet und erwartet abends mit bangen Gefühlen und innerer Unrast den Einbruch der Dämmerung. Sie beobachtet an sich selbst die Reaktionen eines gejagten Tieres, das sich angstvoll im hintersten Winkel seines Baus verkriecht. Auf nie geahnte Weise wird ihr Vertrauen in die Menschen erschüttert: Marguerite erahnt die hinterhältige Arglist ihres Verfolgers, der sich an der Angst seines hilflosen Opfers weidet und Lust dabei empfindet, eine einsame Frau zu quälen und in Angst und Schrecken zu versetzen. Sie fühlt fast körperlich seine brennende, unersättliche Gier, ihre Widerstandskraft zu brechen und sie psychisch und physisch zugrunde zu richten.

Und sie ist allein mit ihren Ängsten, von den Menschen verlassen. Anfangs wollte sie noch die Beginengemeinschaft um Unterstützung bitten, doch diesen Plan hat sie schnell aufgegeben. Man würde ihr nicht glauben und den nächtlichen Terror für Teufelswerk halten!

Vielleicht würde man ihr nach der Häresieanklage auch noch ein Teufelsbündnis zur Last legen!

Doch mehr noch als die Isolation von den Menschen quälen Marguerite ihre aufkommenden Zweifel an Gott und an der Botschaft des Spiegel. Warum lässt Gott zu, dass sie zur Zielscheibe menschlicher Grausamkeit wird? Warum gibt er ihr kein Zeichen? Wofür wird sie bestraft, wofür muss sie jetzt büßen?

Ist der Weg der befreiten Seele ein Irrtum? Ist die Behauptung vermessen, man könne Leiden und Verfolgung genauso gleichmütig hinnehmen wie Glück und Ehre? Ist sie in die Falle menschlicher Überheblichkeit gegangen? Sogar Jesus bat den Vater, den Kelch des Leidens an ihm vorübergehen zu lassen!

In düstere Gedanken versunken sitzt Marguerite vor ihrer Hütte und späht zuweilen nach der untergehenden Sonne. Fast hat sie schon vergessen, wie es ist, wenn man abends zufrieden auf sein Tagewerk zurückblickt, das Abendläuten mit Dankbarkeit begrüßt und sich dann lauteren Herzens zur Ruhe begibt. Ihr Körper, ihre Sinne schreien nach Schlaf und nach barmherzigen Träumen, aber auch in dieser Nacht wird sie wieder von quälender Schlaflosigkeit und Ängsten gepeinigt werden!

Als sie hinter der Mauer, die den Schuppen vom freien Feld trennt, einen roten Haarschopf erblickt, erstarrt die verängstigte Einsiedlerin. Der Kopf ist schnell wieder verschwunden und sie streicht sich verwirrt über die Augen. Die Einsamkeit und der anhaltende Schlafmangel sind ihrer Gesundheit nicht zuträglich! Sieht sie schon Dinge, die nicht existieren?

Da – ein verschnürtes Bündel wird über die Trennwand geworfen!

Verblüfft beobachtet Marguerite, dass sich kräftige Unterarme auf die Mauer stemmen. Wie von Geisterhand emporgehoben schnellen nun Füße und Beine mit elegantem Schwung nach oben und pendeln sich auf ein labiles Gleichgewicht ein. Die merkwürdige Gestalt stützt sich auf Hände und Unterarme, Körper, Beine und Füße schweben in der Luft! In dieser Stellung verharrt sie eine Weile – zweifellos eine akrobatische Meisterleistung!

Marguerite bricht gegen ihren Willen in ein hysterisches Lachen aus.

Nein, dies kann nicht der nächtliche Verfolger sein! Das ist eine Schattengestalt, ein Faun, ein Kobold, ein Naturwesen! Als sei diese halsbrecherische Verrenkung die bequemste Körperhaltung der Welt, erscheint zwischen den Schultern ein sommersprossiges, lächelndes Gesicht. Haben sich nun auch die Fabelwesen dem nächtlichen Unfug angeschlossen? Narrt sie eine Spukgestalt?

Da setzt die Figur bedächtig die Fußsohlen auf die Mauer, richtet sich auf und nimmt allmählich menschliche Proportionen an. Hopp – das war ein gewagter Sprung in den Garten!

Die ungläubig staunende Betrachterin stellt erleichtert fest, dass eine lebendige Frau in buntscheckiger Kleidung auf ihrem Terrain gelandet ist. Ihr Körper ist von einer schier unvorstellbaren Elastizität, ihr Gesicht noch gerötet von der Anstrengung des Akrobatenstücks. Als sie sich freundlich nähert, erkennt Marguerite jene Frau, die nach der Theaterszene auf dem Marktplatz ihre Hand ergriff, in den Linien las und dann pantomimisch einen Totentanz aufführte – die Jongleurin!

Ohne Umschweife schnürt die seltsame Fremde das Bündel auseinander, breitet das Tuch auf dem Boden aus und verteilt darauf mit großzügiger Gestik Käse, Brot und Äpfel. Dabei sagt sie mit ihrer rauen, tiefen Stimme: „Ich bin gekommen, weil du Hilfe brauchst!"

Als die beiden Frauen vor dem heruntergekommenen Gebäude von den letzten Strahlen der Abendsonne umspielt werden, bieten sie ein kontrastreiches, aber stimmungsvolles Bild: Die bunte Harlekinfrau mit dem sommersprossigen, wettergegerbten Gesicht und dem Schlangenkörper reicht der früh gealterten Begine in der unscheinbaren Tracht ein Stück Brot. Diese betrachtet ihren unverhofften Gast noch immer mit fragender Zurückhaltung und vorsichtiger Distanz.

„Die Akrobatik ist mein Broterwerb", erklärt die Jongleurin leichthin. Dabei ergreift sie prüfend einen der Holzscheite und wiegt ihn in beiden Händen.

„Ich trete in einer Schauspieltruppe als Artistin und Spaßmacherin auf. Lachen befreit. Witz entspannt. Damit erreicht man mehr als mit verkrampfter Anstrengung!

Meist aber versuche ich, den Menschen mit meiner Hellsichtigkeit zu helfen."

„Soll das heißen, dass du die Zukunft sehen kannst?" Marguerite hat sich inzwischen von ihrer Verblüffung erholt.

Die Jongleurin lächelt und reicht Marguerite eine weitere Scheibe von dem frischen, körnigen Brot, das sie großzügig mit Käse belegt hat.

„Nicht nur die Zukunft. Ich sehe auch die früheren Leben. Die menschliche Seele durchwandert eine Vielzahl von Leben und sammelt viele unterschiedliche Erfahrungen. Ich konnte dich in diesem Garten sehen, einsam und voller Ängste."

Sie fasst nach einem Holzstück und wirft es schwungvoll über die Mauer.

„Morgen werden es Leute finden, die dringend Brennholz benötigen," erklärt sie der Begine augenzwinkernd. Sie lacht schallend und als Marguerite schüchtern einstimmt, wird ihr schlagartig bewusst, dass sie in all den Monaten nicht mehr sorglos gelacht hat.

„Du bist einem heimtückischen Angriff ausgesetzt, gegen den du dich nicht verteidigen kannst. Diese hilflose Lage weckt uralte, bisher schlummernde Ängste in dir, die deine Energien lähmen," führt die Jongleurin beiläufig aus und wirft mit leichter Hand ein weiteres Holzstück über die Einfriedung.

„Es ist wahr: Ich lebe in ständiger Angst", bekennt Marguerite und kann nicht verhindern, dass sich bei diesen Worten ihre Zähne geräuschvoll aufeinanderbewegen. Sie fröstelt.

„Schon tagsüber zittere ich vor dem Einbruch der Dämmerung. Das erste Abendrot ist wie ein schrecklicher Paukenschlag. Ich habe keine Ahnung, was der nächtliche Eindringling will. Er hat noch nie ein Wort gesprochen. Ich höre seine unheimlichen Laute, sein höhnisches Lachen, aber ich habe ihn noch nie gesehen. Und ich kann mit niemandem darüber sprechen, kann niemanden um Hilfe bitten – meine Lage ist ausweglos! Ich verabscheue diesen hinterhältigen, feigen Menschen, der sich an meiner Angst weidet!"

Marguerites Stimme klingt wie ein Schluchzen. Sie schlägt die Hände vor ihr Gesicht.

Die Jongleurin streicht ihr sanft über den Rücken.

„Verurteile dich nicht, weil du Gefühle wie Angst, Zorn und Abscheu empfindest. Diese Gefühle sind ein Teil der elementaren Energie, die zum menschlichen Selbsterhaltungswillen gehört. Unterdrücke sie nicht, denn dadurch schwächst du dich selbst."

„Wie? Soll ich Angst, Hass und Enttäuschung akzeptieren?" Marguerite ringt nach Luft.

„Ja", antwortet die Jongleurin einfach und blickt der verdutzten Begine in die Augen.

„Diese Gefühle sind menschlich und normal, wenn man einer frechen, hämischen Attacke ausgesetzt ist, so wie du jetzt. Nimm dieses mächtige Energiebündel an! Wenn du es unterdrückst und abspaltest, sucht es sich andere Ausdrucksformen und kehrt möglicherweise als körperlicher Schmerz wieder. Akzeptiere deine menschliche Seite, Marguerite! Spalte diesen „bösen" Teil, der sich naturwüchsig als Wut und Zorn äußert, nicht von deinem Wesen ab, sondern nutze ihn als Kraftquelle, die dich aus der Opferrolle befreit. Auch diese Seite ist Teil deines Potentials!"

Die Stimme der Jongleurin ist kraftvoll und eindringlich geworden. Am Horizont verströmt die blutrote Abendsonne ihre letzten, schwachen Strahlen.

„Viele Menschen unterdrücken und verleugnen ihre Natur und ihre aggressiven Gefühle. Sie meinen, diese Verleugnung ihres Wesens sei gottgefällig und tugendhaft. Oft wählen sie den Weg der Askese und richten die Energien von Wut und Zorn gegen sich selbst.

Oder sie kämpfen mit Feuereifer für das Gute und wollen ihm mit Gewalt zum Siege verhelfen. In diesem Wahn nehmen sie sich sogar das Recht, andere zu quälen und zu misshandeln und halten dies auch noch für eine gute Tat! Und du? Du hast dich in einer isolierten, unglücklichen Lage voller Angst und Bedrohung durch Selbstvorwürfe und quälende Schuldgefühle noch zusätzlich geschwächt!", erklärt die Jongleurin und lächelt Marguerite zu.

„Nachts fühle ich mich von den Menschen und sogar von Gott verlassen. Ich bin hilflos einer lähmenden Angst ausgeliefert. Wenn ich ehrlich bin: Ich hasse diesen Menschen, der mich Nacht für Nacht auf

demütigendste Weise quält und erschreckt. Ich verabscheue seine ver-
klemmte Hinterhältigkeit, seine perversen Neigungen, seine dreiste
Schadenfreude, seine widerwärtige Hartnäckigkeit!"

Der angestaute Groll bricht hervor und in den schluchzend gestam-
melten Worten liegt heftige Bitterkeit. Nach einer langen Pause wird
Marguerites Stimme kleinlaut und sie bekennt zerknirscht: „Gleichzeitig fühle ich mich schuldig, denn ich habe mich der erhabenen
Botschaft des Spiegel nicht würdig erwiesen. Ich selbst bin unfähig, auf Leid und Demütigung mit Gleichmut und Gelassenheit zu
antworten. Ich denke mit Abscheu und Ekel an diesen nächtlichen
Eindringling und fühle mich außerstande, dem Wort Jesu zu folgen:
Tut Gutes denen, die euch hassen!"

Die Jongleurin lacht hellauf und wirft mit unnachahmlicher Eleganz ein weiteres Stück Holz über die Mauer. Dann betrachtet sie
Marguerites gerötetes Gesicht.

„Benenne deine Empörung und richte deine Aufmerksamkeit auf
das, was in dir vorgeht: Ja, ich bin wütend! Wut ist wie ein kraftvoller
Sturmwind, der alles hinwegfegt, was nichts mehr taugt. Wenn du
dich dieser mächtigen Emotion fürsorglich zuwendest, wenn du sie
mit klarem Bewusstsein betrachtest, dann wird sie ihre zerstöreri-
sche Form von selbst verlieren.

Schwäche dich also nicht durch Selbstanklagen und Grübelei, Marguerite! Wenn man der Wut den nötigen Raum lässt, wenn sie sein
darf und nicht unterdrückt wird, dann entpuppt sie sich als reine
Energie. Du bist deinen starken Emotionen nicht hilflos ausgeliefert.
Du musst nicht blindwütig um dich schlagen, wenn du zornig bist. Es
gibt andere Möglichkeiten, die sich durch die bloße Wahrnehmung
dieser elementaren Kraftquelle erschließen."

Marguerite starrt ihre Gesprächspartnerin verblüfft an. Dann antwortet sie nachdenklich:

„Der Spiegel lehrt, dass Gewissensbisse ein Zeichen mangelnder
Liebe sind und dass strikte Wahrhaftigkeit die befreite Seele kennzeichnet. Ich sehe allerdings dann eine Schwierigkeit, die mein
Gewissen belastet: Wenn ich meine Wut und meine Empörung
eingestehe und sogar zulasse, dann bin ich weit von der Vergebung

entfernt, die Jesus fordert, wenn er sagt: Tut Gutes denen, die euch hassen!"

„Nun, dann werde ich dir erklären, wie Vergebung möglich ist!

Du selbst hast unverfälscht Zorn und Wut erfahren und so weißt du, was starke Emotionen bewirken können. Aber du bist ihnen nicht ausgeliefert und dies versetzt dich in eine Position der Stärke und der Bewusstheit. Es gibt andere Menschen, die von mächtigen inneren Impulsen überwältigt und so zu Sklaven ihrer Leidenschaften werden. Sie lassen sich zu zerstörerischen Handlungen hinreißen und unterliegen diesen Zwängen ohne klares Bewusstsein. Sie fügen anderen Leid zu ohne zu wissen, dass das begangene Unrecht auf sie zurückfallen wird. So handeln sie in Unwissenheit und ihre Missetaten treiben sie unaufhaltsam in die hasserfüllte Verzweiflung des Höllenbereichs. Sie treten ein in den zwanghaften Kreislauf von Illusionen, Obsessionen und Lügen und entfernen sich immer weiter von der liebenden Güte Gottes. Sie verstricken sich mehr und mehr in einem Netz von Gedanken, Gefühlen und Taten, die von Abneigung und Hass geleitet sind.

Wenn du die Qualen erahnst, die diesen verirrten Menschen bei ihrem gewaltsamen Abspaltungsversuch von Gott widerfahren, dann wirst du ihnen ehrlich wünschen, dass sie ihre angestammte Heimat, ihre innere Wahrheit wiederfinden. Dann erst ist Vergebung möglich und dann wirst du Jesu Gebot anstrengungslos erfüllen.

Wir alle tragen die verhängnisvolle Neigung zu Zorn, Abneigung und Hass in uns – aber wir können diese Emotionen im Zustand der Bewusstheit verwandeln und ihre Energie positiv nutzen.

Du selbst bist eine alte Seele, Marguerite. Die alte Seele erkennt, dass Gott Güte und Liebe ist und dass sie nach Hause zurückkehrt, wenn sie sich mit IHM verbindet. Friede ist ihre tiefste Erfahrung."

Inzwischen ist die Nacht hereingebrochen und der funkelnde Sternenhimmel verbreitet ein geheimnisvolles, feierliches Licht. Die Stimme der Jongleurin klang bewegt und voll innerer Anteilnahme.

Nach einer längeren Pause murmelt Marguerite gedankenverloren:

„Du hast mich zur Botschaft des Spiegel zurückgeführt. Ich lebte in den letzten Monaten in Angst und Verzweiflung und in dieser Situation war mein Gemüt so umnebelt, dass ich sogar am Wahrheitsgehalt des Buches zweifelte. Mein Verstand schlug Haken wie ein flüchtender Hase, um zu beweisen: Der Spiegel hat Unrecht! Du hast dich getäuscht! Ich verstand nicht, was es heißt, alle Lebensumstände anzunehmen: Freud und Leid, Glück und Unglück, Ehre und Schmach. Ich war sogar versucht, alles für einen Irrtum zu halten. Doch jetzt erkenne ich, dass ich diese widrige Lage benötigte, um diese Lektion zu lernen.

Sich ganz der göttlichen Güte ausliefern bedeutet, Werturteile aufzugeben und dieses Leben in all seinen Erscheinungsformen zu begrüßen. Ich suche nicht nur nach positiven, angenehmen Erfahrungen, sondern lerne auch aus den Prüfungen. Alles ist Leben und Leben ist Fülle!"

„Diesen Gleichmut und die Kraft der Vergebung wirst du dringend brauchen, wenn dein Leidensweg beginnt, Marguerite. Denke dann an unser Gespräch in diesem Garten hier!"

Der Blick der Jongleurin streift in die Ferne und wird ausdruckslos, ihre Stimme leise und monoton:

„Wir stehen am Beginn einer Epoche, welche die Einheit der Dinge in Fragmente zersplittert. Man wird diese Einzelparzellen messen, beschreiben und analysieren und in diesem Prozess wird die Vernunft die Führungsrolle übernehmen. Sie wird zum wichtigsten Instrument menschlicher Erkenntnis. Wenn aber die Ära der Vernunft ihrem Ende zugeht, dann werden die Menschen wieder beginnen, nach der ursprünglichen Einheit zu suchen. Sie werden der göttlichen Stimme in ihrem Innern mehr Gehör schenken und dann wird auch der Spiegel aus der Vergessenheit und Anonymität emporgehoben wie ein versunkener Schatz.

Denke daran, Marguerite, dass dieses Buch noch gelesen wird, wenn die Namen deiner Ankläger und Richter längst vergessen sind. Denke daran, dass du berufen warst, ein Stück Weisheit in Worte zu fassen und für die Nachwelt zu retten!"

Der Blick der Jongleurin kehrt in den Garten zurück. Sie schaut der

Begine mit tiefer Traurigkeit in die Augen und ihre Stimme stockt. Dann überwindet sie den Widerstand, gibt sich einen Ruck und fährt fort: „Denke daran, wenn man dich erneut der Ketzerei bezichtigt und ... hinrichtet."

Marguerite verbirgt ihr tränenüberströmtes Gesicht.

Vielleicht hat die Seherin Unrecht! Vielleicht werden sich diese düsteren Prophezeiungen nicht bewahrheiten! Sie hängt am Leben, an diesem Leben! Sie hängt an diesem nächtlichen Rauschen der Bäume, an dieser frischen Luft, sogar an dieser verkommenen Einsiedelei – sie will nicht sterben, nicht auf so grausame, brutale Art!

Die Jongleurin bündelt sorgsam die Essensreste und schlägt nach Art der Spaßmacher ein Rad auf der Wiese. Dann drückt sie der Begine einen Gegenstand in die Hand, umarmt sie herzlich und springt über die Mauer wie von einem elastischen Federband emporgezogen.

Marguerite ist allein in der Dunkelheit. Noch immer starrt sie auf die Mauer, hinter der die Jongleurin so schnell verschwand. Sie ist erfüllt von Dankbarkeit für diese außergewöhnliche Frau ohne Stand und Namen, die mutig gekommen ist, um ihr in der Verbannung Trost zuzusprechen.

Sie fühlt das glatte, kühle Geschenk in ihrer Hand und als sie sich bewegt, vernimmt sie mit Erstaunen einen melodischen Klang. Es ist ein Herz, ein Herz, aus Holz geschnitzt, das bei jeder Bewegung eine leise Musik ertönen lässt!

Von sachten Tönen begleitet wendet sie sich der Türe zu und betritt ihre Hütte. Da bewegt sich langsam ein dunkler Schatten auf sie zu und streicht ihr schnurrend um die Beine – endlich hat Mathilde das neue Heim entdeckt! Marguerite nimmt ihre treueste Gefährtin liebkosend in den Arm und als sie das samtweiche Fell berührt, weiß sie, dass ihr die Angst nichts mehr anhaben kann. In dieser Nacht schläft sie tief und ungestört und erwacht erst, als sich Anna durch lautes Klopfen bemerkbar macht.

Kapitel 10: Die Apokalypse

Man schrieb das Jahr 1294.

Petrus von Morrone, ein schlichter Eremit aus den Abruzzen, bestieg den Papstthron. Als Cölestin V. wies er prachtvolle Gewänder und Luxus zurück und wählte als seine engsten Berater jene Mönche, die mit ihm in der Einsiedelei des Monte Morrone gelebt hatten. Welch ein Schlag für die päpstliche Bürokratie!

Mit diesem Ereignis verknüpften sich enthusiastische Erwartungen und eine außergewöhnliche Aufbruchsstimmung im Volk. Der Jubel der Anhänger des Geistzeitalters war grenzenlos: Es war endlich soweit! Die sehnsüchtig erwarteten Zeichen traten auf. Die Wahl des „Engelpapstes" kündigte den Beginn des Geistzeitalters an.

Auch die Spiritualen des Franziskanerordens, die wie ihr Ordensgründer radikal an der Besitzlosigkeit festhielten, waren davon überzeugt, dass dieser „Engelpapst" die Wende einleiten werde. Um ihre Verbundenheit mit Petrus von Morrone zu bekunden, nannten sie sich stolz „Cölestiner".

Diese Welle der Begeisterung erfasste auch Guiard, der schon seit geraumer Zeit das Absterben der Klerikerkirche erwartete. Nun würde die Pfingstflamme in den Herzen der Gläubigen emporlodern! Nun würde die göttliche Inspiration die Seelen erleuchten!

Doch der Traum vom heiligen Einsiedler auf dem Papstthron währte nur kurz.

Nach wenigen Monaten verlas Cölestin eine Verzichtserklärung und dankte ab. Sein Nachfolger, Papst Bonifaz VIII., erklärte alle Entscheidungen seines Vorgängers für ungültig und verurteilte viele „Cölestiner" zu Kerkerhaft.

Der Greis Petrus erhielt von seinem Nachfolger den Befehl, nach Rom zu reisen, doch unterwegs gelang ihm mit einer kleinen Schar von Jüngern die Flucht in seine Zelle auf dem Monte Murrone. Bonifaz VIII. gab nun den Befehl, den Expapst zu verhaften und nach Rom zu bringen. Da flüchtete Cölestin in die Berge und beschloss schließlich widerstrebend, Italien zu verlassen. Er bestieg an der Adriaküste ein Schiff, das ihn nach Griechenland bringen sollte, doch ein plötzlich aufkommender Sturm warf es ans Ufer zurück.

Dort warteten nicht nur seine Anhänger, die begeistert den „wahren Papst" feierten, sondern auch seine Verfolger. König Karl von Neapel hatte sich der Verfolgungsjagd angeschlossen und der über Achtzigjährige wurde von den päpstlichen und königlichen Truppen festgenommen. Als er vor König Karl und seinem Nachfolger stand, soll der betagte Cölestin Papst Bonifaz prophezeit haben: Du bist hereingekommen wie ein Fuchs, du wirst herrschen wie ein Löwe, und du wirst sterben wie ein Hund.

Der festgenommene Greis wurde auf der Festung Fumone inhaftiert und starb wenige Monate danach – auf harten Brettern liegend in einer winzigen Zelle. Die Franziskanerspiritualen – in ihrer Erwartung des beginnenden Geistzeitalters enttäuscht – waren geflohen und in alle Winde zerstreut.

Zu diesem Zeitpunkt begann auch der resignierte, bis heute andauernde Rückzug Guiards. Er verlässt das Haus nur noch selten und weiß, dass ihn die Gemeinde inzwischen als einen verschrobenen Sonderling betrachtet. Seine Haushälterin erledigt die anfallenden Arbeiten in Windeseile und verschwindet danach erleichtert. Was erzählt sie wohl den Nachbarn über den mürrischen, verschlossenen Alten? Die mitleidigen Blicke, die er oft erntet, verletzen ihn mehr als Gleichgültigkeit.

Er leidet nicht nur unter den qualvollen, plötzlich auftretenden Herzattacken. Er fühlt sich auch von einer inneren Unrast umhergetrieben, die ihn um den Schlaf bringt. In endlos scheinenden Nächten wandert er in der Stube umher. Wem kann er noch vertrauen? Er hat keine Freunde mehr. Der immense Kloß nicht ausgesprochener Worte schnürt ihm zuweilen die Kehle ab. Dann erschrickt er vor dem dumpfen Klang seiner eigenen Stimme und hält plötzlich inne, um dem verhallenden Ton nachzulauschen. Hat er etwa das Sprechen verlernt?

Er kennt die knebelnde Wirkung der Angst und ist ehrlich genug, sich den Zauderern und Feiglingen zuzurechnen, die ihre wahre

Überzeugung verbergen und vor aktiver Einflussnahme zurückschrecken.

Das Spiel mit der Angst ist es, denkt Guiard, das schon im Vorfeld seine Wirksamkeit entfaltet. Im Hintergrund erheben sich drohend Inquisitionsprozess und Scheiterhaufen. Wie sollte es unter diesen angsteinflößenden Bedingungen möglich sein, das göttliche Wirkungsprinzip in der eigenen Seele zu erkennen und zu bejahen! Die Angst vor dem destruktiven Einfluss des Teufels überschattet das innere Erleben wie eine unheilvolle, dunkle Wolke. Vielleicht ist der Traum vom Geistzeitalter nur eine Illusion? Oder vollzieht sich der Übergang doch, aber anders als erwartet?

Mitternacht ist längst schon verstrichen, aber noch immer sitzt Guiard am Tisch, den Kopf auf die Hände gestützt, vor ihm die wertvollen Aufzeichnungen. Er hat schon in vielen, schlaflosen Nächten erfolglos versucht, die Rätsel dieses Jahrhunderts zu lösen!

Doch am Ende überkam ihn nach jedem Versuch das Gefühl der Hilflosigkeit und der Fremdheit. Er ist fremd in dieser Existenz – es wird ihm nie gelingen, die Geheimnisse des Lebens zu begreifen. Er hat sich in dieser erbärmlichen, kargen Stube einen Freiraum geschaffen, in dem er seinen Gedanken freien Lauf lassen darf. Hier fühlt er sich sicher und ohne Angst, hier darf er sich erlauben, über die Wesensverwandtschaft mit einigen Menschen nachzudenken.

Zum Beispiel mit Petrus Johannis Olivi.

Warum fühlt er sich von den Ideen dieses Meisters in tiefster Seele angesprochen?

Warum gelingt es ihm, aus einzelnen Denkfragmenten des Franziskaners die Zusammenhänge zu erschließen? Verbindet ihn mit diesem einzigartigen Lehrer eine seelische Verwandtschaft, die sich nicht nur auf die intellektuelle Ebene erstreckt? Ist Olivi sein Seelenbruder, auch wenn dessen Leben anders verlief als das seine? In seinen Tagträumen reicht er Olivi die Hand, gibt sich ihm als Gleichgesinnter zu erkennen und lauscht im Kreise der Jünger den kostbaren Worten des Meisters.

Doch in Wirklichkeit war dem kränkelnden Pfarrer dieser persönlich Kontakt nicht vergönnt. Er musste sich damit begnügen, wie ein schwärmerischer Chorknabe die Reisenden aus dem Süden über die vorbildliche Lebensgemeinschaft in Narbonne und die Lehren ihres Meisters zu befragen. Guiard fühlt sich dem berühmten Franziskaner besonders verbunden, einem kühnen Denker, der im Süden im Kreise seiner Anhänger lebte und das Armutsideal des heiligen Franziskus umzusetzen suchte. Petrus Johannis Olivi entwickelte eine historische Perspektive, die Guiards Bewunderung erregte und die ihn begeisterte.

Der Ordensgeneral hat 1274 die Überprüfung der Schriften Olivis angeordnet und zehn Jahre später beurteilte eine Theologenkommission mehrere Sätze des Franziskaners als „gefährlich". Petrus Johannis Olivi wurde nach Florenz versetzt und kehrte erst in seinen letzten Lebensjahren in die Languedoc zurück, um dort einen Kommentar zur Apokalypse zu verfassen, der als sein Vermächtnis galt. Die als „gefährlich" eingestuften Schriften waren der Öffentlichkeit nicht zugänglich, so dass Guiard auf Mutmaßungen und bruchstückhafte Protokolle angewiesen war. Dies schmälerte aber keineswegs seinen Eifer: Er sammelte die einzelnen Bausteine, suchte den tieferen Sinn hinter den Einzelaussagen und konstruierte die Zusammenhänge in endlosen Kausalitätsketten.

Welch neue Deutung gab Petrus Johannis dem Geistzeitalter! Guiard durchquert den Raum mit weit ausholenden Schritten. Welch bahnbrechende Idee! Während Joachim von Fiore noch von einer zeitlichen Abfolge der Zeitalter sprach, hielt es Olivi für möglich, dass zwei unterschiedliche Erkenntnisstufen zur gleichen Zeit aufeinandertreffen.

Die hierarchisch strukturierte Amtskirche vermittelt, dass die Trennung von Gott nur durch kirchliche Heilsvermittlung aufgehoben werden kann. Im Schoße dieser Institution aber bildet sich eine Gemeinschaft geistig inspirierter Menschen heraus, die Gott in der eigenen Seele findet und die kirchliche Hülle nicht mehr benötigt.

Während Joachim Fiore noch lehrte, dass diese unterschiedlichen Gottesauffassungen historisch aufeinanderfolgenden Epochen entsprechen, nimmt Olivi an, dass diese Erkenntnisstufen dialektisch miteinander verflochten sind und zur gleichen Zeit aufeinandertreffen.

Möglicherweise wird die eine Richtung siegen, die andere besiegt werden, doch spielen Sieg oder Niederlage in diesem Modell keine Rolle mehr, denn die neue Entwicklungsstufe, die aus der Konfrontation entsteht, wird mehr sein als die Summe der Teile.

Guiard denkt an das simple, grobschlächtige Weltbild der Inquisition mit den Koordinaten Angst und Macht und schlägt verzweifelt die Hände vors Gesicht.

In Olivis Denkansatz ist kein verknöcherter Dogmatismus möglich!

Auch wenn die „Geistkirche" historisch nicht den Sieg davonträgt, wird sie ihre Spuren im Gedächtnis der Menschheit hinterlassen. Ist das Leiden der Preis, mit dem die neue Entwicklungsstufe bezahlt wird?

Der nächtliche Wanderer bleibt grübelnd vor dem Schreibpult stehen.

Der Franziskaner lehrt, dass sich das Wirken Gottes in der Geschichte im dialektischen Gegensatz verwirklicht. Im Gegensatz? Oft schon hat Guiard über die Funktion von Widerständen, Hindernissen und negativen Begleiterscheinungen nachgedacht! Ist es möglich, die Schattenseite, jenen ungeliebten Teil der Schöpfung, nicht zu bekämpfen, sondern zu integrieren?

Das dialektische Prinzip beinhaltet, dass aus dem Gegensatz von zwei gegenläufigen Tendenzen eine neue, höhere Entwicklungsstufe erwächst. Im Vertrauen auf diese Dynamik könnte der Mensch die Negation als Durchgangsphase freudig annehmen, denn sie ermöglicht das weitere Voranschreiten geistiger Erfahrung.

Vielleicht wusste das auch die Begine Marguerite Porete, als sie schrieb: Gott lässt zuweilen etwas Übles geschehen, wegen des größeren Guten, das daraus entstehen kann.

Die Integration der Schattenseiten ist ein vortreffliches Mittel gegen die Angst. Krankheit und Leiden gewinnen in dieser übergreifenden, auf Gottvertrauen basierenden Vision eine andere Qualität, denkt Guiard erstaunt. Sie sind nicht Strafe, nicht Verdammnis, sondern Teil des göttlichen Plans! Aber noch war dies nur ein abstrakter Gedanke, noch nicht erprobt im täglichen Leben! Er selbst hatte zeitlebens die Neigung, Schwierigkeiten auszuweichen und auf der sicheren Seite zu stehen. Er ist Denker, kein Pragmatiker oder Kämpfer.

Er dehnt seine müden, verspannten Glieder und verspürt plötzlich das Bedürfnis, seine Stube zu verlassen und nach dieser durchwachten Nacht einen Spaziergang durch die einsamen Gassen zu machen. Die frische Luft wird ihm gut tun! Draußen graut schon der Morgen.

Noch steht die leuchtende Mondsichel am Himmel, ein kühler Wind umspielt seine magere Gestalt. Er zieht den Mantel enger und beschleunigt seinen Schritt. Die Gassen sind menschenleer, als sich der nächtliche Spaziergänger der Kirche nähert.

Mit Erstaunen stellt er fest, dass zu dieser frühen Stunde die Seitenpforte geöffnet ist. Trifft der Messner schon erste Vorbereitungen für die Frühmesse? Unschlüssig verharrt Guiard an der Pforte und späht in den stockdunklen Innenraum. Es ist niemand zu sehen! Er betrachtet das eisenbeschlagene Portal und zum ersten Mal fällt ihm die zerbrechliche Eleganz des kunstvoll bearbeiteten Schlüssels in dem Schloss aus Schmiedeeisen auf. Wer hat die Seitentür geöffnet? Wo ist der Messner?

Da – was war das?

Er horcht angestrengt. Tief im Gewölbe des Gotteshauses hat er eine Stimme vernommen. Er tastet sich vor in dem dunklen Raum und ruft: „Ist hier jemand?" Das Echo seiner Stimme hallt wieder, aber er erhält keine Antwort. Er hat sich sicherlich getäuscht!

„Sei bereit, meine Anhänger zu verteidigen!"

Diesmal sprach die Stimme deutlich und laut, in unmittelbarer Nähe. Guiard bleibt wie angewurzelt stehen. Kein Irrtum möglich! Er dreht sich nach allen Seiten um, aber auch im näheren Umkreis der Kirche ist kein Schatten, kein Umriss, noch nicht einmal eine Bewegung wahrzunehmen. Er ist wach, bei klarem Verstand und er hat deutlich eine Stimme vernommen! Als wolle sie alle Zweifel hinwegfegen, wiederholt die geheimnisvolle Stimme zum dritten Mal: „Sei bereit, meine Anhänger zu verteidigen!" Nein, dies war keine menschliche Stimme!

Guiard starrt noch immer in das undurchdringliche Dunkel des

Kirchengebäudes, nun aber ist ihm, als erweitere sich plötzlich der Raum. Eine beglückende, unbekannte Energie durchströmt ihn und löst die bange Anspannung auf. Sie scheint alle Lasten von seinen schmächtigen, gebeugten Schultern zu nehmen und alle Verkrampfungen zu lockern.

Er atmet tiefer, denkt nicht mehr nach, analysiert nicht länger, sucht nicht weiter nach dem Träger dieser geheimnisvollen Botschaft. Er tritt ein in dieses erfüllte Sein ohne Worte, in diese helle, klare, unmittelbare und reine Lebendigkeit. Nichts anderes ist zu tun als sich diesem Strom von Energie und glasklarer Bewusstheit voll und ganz hinzugeben und in dieser Präsenz zu verweilen! Wird er selbst Teil der unbeschreiblichen, unendlichen Weite, die sich vor ihm öffnet?

Noch nie hat er ein so beseligendes, befreiendes Glücksgefühl empfunden! Er möchte diesen Augenblick auskosten und für immer festhalten!

Und plötzlich sieht er den sorgenbeladenen, vergrämten Guiard vor sich, jenen alternden, kranken Mann, der sich in seiner Studierstube verkriecht, wo ihn niemand für seine aufmüpfigen Gedanken bestrafen kann. Wie ein unbeteiligter Zeuge erkennt er, dass über dem Leben dieses Menschen die Angst das Szepter schwingt. Im ersten Moment ist er versucht, über diesen Schwächling zu lachen, aber dieser erste Impuls gefriert zu einer tonlosen Geste, die ihm die Tränen in die Augen treibt.. Diese angstbeherrschte Enge, diese Flucht vor den Mitmenschen, dieser egozentrische Rückzug – ist das wirklich sein Leben?

Er fühlt, wie eine warme Welle von Mitleid plötzlich sein Herz überschwemmt. Guiard schlägt die Hände vors tränennasse Gesicht. Ja, er bemitleidet sich selbst!

Dieser hilflose, passive, resignierte Mann, den eine ruhelose Unrast nachts vor die Kirchentüre treibt, sieht mit einem Mal die Armseligkeit seines verpfuschten Lebens. Und gleichzeitig eröffnet sich ihm die unendliche Weite, die unermessliche Dimension!

Vor dieser Pforte trifft ihn der Strahl der Gnade und Gott erteilt ihm einen Auftrag:

„Sei bereit, meine Anhänger zu verteidigen!"

Noch immer spürt Guiard die kraftvolle Energie in sich, noch immer fühlt er sich erfrischt, gestärkt und aller kleinlichen Sorgen entledigt. Er blickt um sich:

Die ersten Kirchgänger nahen wie huschende Schatten und im Innenraum der Kirche entzündet tatsächlich der Messner, von Husten geschüttelt, die Kerzen. Das goldene Band am Horizont steigt triumphierend höher und höher, die Dunkelheit weicht zurück.

Als Guiard nun den Weg nach Hause antritt, hört er mit Belustigung den kräftigen Widerhall seiner Schritte auf dem Pflaster. Er schreitet auf dieser Erde voran und hinterlässt Spuren – er schlurft nicht mehr gequält und ermüdet im Schneckentempo dahin.

Niemals würde er am göttlichen Ursprung dieses Geisterlebnisses zweifeln, niemals! Es war ein Zustand von purer, unverfälschter Klarheit, von höllischen Machenschaften weit entfernt.

Wer aber sind die Anhänger Gottes, die er verteidigen soll?, fragt er sich. Zweifellos wird ihn die Stimme auch weiterhin führen.

Eine kräftige, korpulente Gestalt eilt im Sturmschritt vorbei und mit Erstaunen erkennt Guiard den Begarden, der ihm einst die Nachricht von der Verurteilung der Vilelmiten in Mailand überbrachte – jenen raubeinigen, ungeschliffenen Gesellen, der ihn gönnerhaft und herablassend behandelte. Der Kurier verlangsamt seinen Schritt und sieht ihm im Halbdunkel prüfend ins Gesicht. Jetzt erkennt er den ehemaligen Pfarrer und verkündet atemlos:

„Man hat die Begine, die das Buch über die befreite Seele schrieb, erneut angeklagt! Sie wurde festgenommen und dem Bischof von Cambrai und dem Inquisitor von Lothringen vorgeführt. Sie wird beschuldigt, ihr Buch weiterverbreitet zu haben!"

Merkwürdigerweise überrascht diese Nachricht Guiard kaum.

Er mustert sein Gegenüber schweigend und stellt fest, dass er diesen Boten bisher unterschätzt hat, ja er hat ihn sogar mit Geringschätzung und Verachtung behandelt! Wie unwesentlich erscheint ihm nun das ungehobelte, freche Benehmen dieses Mannes! Wesentlicher ist, dass er mit einer Nachricht zur rechten Zeit am rechten Ort ist – so wie jetzt. Der Mann erfüllt seine Mission: Durch ihn erfährt

Guiard, dass Marguerite Porete in Not ist und der Verteidigung und des Beistandes bedarf, sonst wird man sie als Ketzerin verurteilen.

Überschwänglich umarmt er den Begarden, dessen kugelrundes Gesicht rot anläuft, aber er verschwendet keine Zeit mehr für überflüssige Kommentare. Er eilt nach Hause und als er die Türe seines Heims öffnet, taucht er noch einmal ein in die Atmosphäre des alten, verbitterten Einsiedlers: Die winzige, enge Stube quillt über von Aufzeichnungen, Dokumenten und Notizen – ein treffliches Spiegelbild des stets überforderten, geschäftigen Guiard!

Als er wahllos eines der gestapelten Bücher ergreift und erkennt, dass es die Apokalypse des Johannes ist, sieht er darin ein weiteres Zeichen. Sein Seelenbruder Olivi hat sich in den letzten Jahren seines Lebens intensiv mit diesem Text auseinandergesetzt. Hier wird er den nächsten Hinweis finden! Die Textstelle, die er aufschlägt, ist an die Gemeinde von Philadelphia gerichtet:

So spricht der Heilige, der Wahrhaftige, der den Schlüssel Davids hat,
der öffnet, so dass niemand mehr schließen kann,
der schließt, so dass niemand mehr öffnen kann:
Ich kenne deine Werke und ich habe vor dir eine Tür geöffnet
die niemand mehr schließen kann.

Du hast nur geringe Kraft und dennoch hast du an meinem Wort festgehalten
Und meinen Namen nicht verleugnet.

Guiard lächelt gedankenverloren. Das Leben des ängstlichen, unschlüssigen Einzelgängers liegt hinter ihm wie hinter einer verschlossenen Tür. Im Morgengrauen an der Kirchentüre hat sich ihm eine unbekannte Dimension und zugleich eine Aufgabe eröffnet, die sein Leben unwiderruflich verändern. Deshalb hat er die geöffnete Tür und den kunstvoll gestalteten Schlüssel so deutlich wahrgenommen! Nun wird ihm auch die Kraft gegeben, diesen Auftrag zu erfüllen und seine Schwäche, sein Unvermögen, seine Ängste werden kein Hindernis mehr darstellen ... Du hast nur geringe Kraft und dennoch hast du an meinem Wort festgehalten ...

Er wird mit furchtloser Offenheit den Herausforderungen des neuen Lebensabschnitts begegnen, denn er weiß sich in Gottes Hand.

Guiard kennt den verbotenen Spiegel der einfachen Seelen und er erinnert sich noch lebhaft an die Szenen auf dem Marktplatz, in denen die befreite Seele authentisch und klar ihren Werdegang schilderte. Die Worte berührten ihn tiefstinnerlich und er wusste sofort, dass ihnen eine wahrhaftig erlebte, geistige Erweiterung zugrunde lag. Auch dieser Begine fühlt er sich geistig verbunden. Er wird aufbrechen, um die angeklagte Frau vor dem Inquisitor zu verteidigen.

In der Ecke steht die Truhe, der er nun ein grobes, braunes Gewand entnimmt, das einer Tunika ähnelt. Sorgfältig wählt er den dazugehörigen Ledergürtel aus, der freiwillige Armut und die Abkehr von weltlichen Belangen symbolisiert. Es ist das Habit der Pilger und auch die Laienbruderschaft um Olivi trägt diese Tracht. Die Priestersoutane vergräbt er zuunterst.

Als er das Gewand anlegt, treten ihm Tränen der Freude in die Augen und er murmelt: „Petrus Johannis, Bruder im Geiste! Die Dialektik der Geschichte vollzieht sich nur, wenn wir handeln!"

Er schnürt sein Bündel, wählt als einziges Buch die Apokalypse und verlässt ohne zu zögern die einsame Schreibstube.

Kapitel 11: Die Verhaftung der Templer

Nach einer erfolgreichen Tour durch Italien bringt der holprige Planwagen die Theatertruppe zurück nach Paris. Man hat dem vorzüglichen Rotwein ausgiebig zugesprochen, doch nun siegt die Müdigkeit und die erschöpften Heimkehrer suchen sich auf dem Boden des schaukelnden Gefährts einen Schlafplatz.

Luciens Lockenkopf zieren weiße Strähnen und seine Statur wirkt kräftiger als früher. Er wirft einen zufriedenen Blick auf sein umfangreiches Gepäck, in dem sich ein wertvolles Souvenir befindet. Auf dieser Reise wurde er, selbst Forscher und Erfinder, in Italien Zeuge eines Vorgangs, der ihn begeisterte: Lumpensammler sortierten Säcke, Netze und andere Stoffprodukte, die sie in Lumpen zerschnitten, aufweichten, zerstampften und sorgsam in kleinste Fasern zerrieben. Man schöpfte dann diesen Faserbrei aus der Bütte und presste ihn auf Filz, bis ein Blatt entstand. Dieses Blatt Papier wird in Zukunft das kostbare, aus Tierhäuten gefertigte Pergament ersetzen!

Eine Revolution!, denkt Lucien grinsend und betrachtet wohlgefällig die vollbepackten Taschen, die das wertvolle Mitbringsel verbergen. Er konnte mehrere Packen davon erstehen und ist mit dem Kauf außerordentlich zufrieden. Die Pariser werden sich um die neue Ware reißen!

Das Schnarchen Jakobs übertönt das Geräusch der quietschenden Räder des holprigen Planwagens.. Im Schlaf haben sich die ausgeprägten, sarkastischen Gesichtszüge des Schauspielers entspannt – er sieht jetzt aus wie ein starrköpfiger, aufmüpfiger Junge. „Warum macht er mir das Leben so schwer?", überlegt Lucien und betrachtet den Schlafenden bekümmert. Zwischen ihm und dem „Narren" der Truppe ist eine scharfe Rivalität entstanden. Jakob verhöhnt ihn als den „Theologen", der die Truppe mit seinen versponnenen, idealistischen Ideen belästigt und sogar bevormundet.

„Vielleicht hat er Recht", räumt Lucien in Gedanken selbstkritisch ein. „Ich habe die Theologie an den Nagel gehängt, weil ich mir von der Bühne viel mehr versprach als von der Kanzel. Für mich sind Gaukler Erzieher und Lehrer. Wir stellen in unseren Szenen die tieferen Beweggründe des menschlichen Handelns dar – wir zeigen, wie zerstörerisch Habsucht, Zorn und Stolz wirken können. Aber es scheint, als sei diese erzieherische Funktion des Theaters für Jakob ein ständiger Stein des Anstoßes." Der Narr gibt im Schlaf aufbegehrende, grunzende Laute von sich und rudert mit den Armen, als müsse er sich gegen imaginäre Feinde verteidigen.

„Er kommt nie zur Ruhe, noch nicht einmal im Schlaf", stellt Lucien mitleidig fest. „Sein cholerisches Temperament reißt ihn von einer Auseinandersetzung in die andere und deshalb sieht er das Leben als ständigen Kampf. Augenblicklich bin leider ich der Widersacher, der bekämpft und bezwungen werden muss."

Erwartungsvoll blickt Lucien auf die belebte Landstraße. Der Wagen nähert sich schon dem Pariser Stadttor und die Straßen werden belebter. An dem Nadelöhr, das zur Stadt hinausführt, drängt sich mit Geschrei und Geschimpfe die wartende Menge.

„Ungewöhnlich zu dieser frühen Stunde", murmelt Lucien. Er lehnt sich weit hinaus und beobachtet, dass an beiden Seiten des Tores königliche Beamte alle Wagen durchsuchen, die Paris verlassen. Kaufleute, Reisende, Edelleute, Bettler und Dirnen- alle werden ausnahmslos einer verschärften Kontrolle unterzogen. Lucien versucht, das Getöse zu übertönen und brüllt aus dem Wagen:

„Was geht hier vor? Was ist geschehen?"

Ein reisender Händler, der die Habseligkeiten seines Bauchladens ordnet, gibt bereitwillig Auskunft: „Man hat heute Nacht die Tempelherren festgenommen und ins Gefängnis geworfen. Einige konnten entkommen und wahrscheinlich versuchen sie jetzt, die Stadt zu verlassen. Deshalb die scharfen Kontrollen!"

„Wieso die Templer? Was wirft man ihnen vor?" Lucien ist fassungslos.

„Es wird erzählt, die Liste der Anschuldigungen sei endlos! Einhundertsiebenundzwanzig Anklagepunkte! Leugnung der Gottheit Christi, Anbetung eines Götzen, Besudelung des Kreuzes, Unzucht .... alles unter dem Deckmantel des Ordens."

Auf dem Gesicht des Händlers erscheint ein breites, verschlagenes Grinsen.

„Dann hat die Inquisition die Ordensleute wegen Häresie angeklagt?", stammelt Lucien mit Entsetzen. Die Nachricht verschlägt ihm die Sprache.

„Nein, nicht die Inquisition, der König! Es ist der König, der die Tempelherren verhaften und in seine Kerker bringen ließ. Philipp ist bei Ketzern nicht zimperlich! Es wird erzählt, dass er diese Festnahme in der Nacht des dreizehnten Oktobers von langer Hand geplant hat.

Auch die Besitztümer des Tempels wurden beschlagnahmt – ein guter Fang für Philipp, der immer Geld für seine Kriege braucht!" Der Händler zwinkert dem Reisenden verschwörerisch zu.

„Wie? Ein neuer Schurkenstreich des Königs!", knurrt Jakob schlaftrunken und ballt instinktiv die Fäuste. Er erhebt sich schwerfällig und betrachtet blinzelnd die chaotische Szenerie vor den Stadttoren. Jakob ist ein erbitterter Feind dieses Königs, den man „den Schönen" nennt. Der schweigsame, zurückgezogen lebende König, dessen Gesicht durch eine merkwürdige Starrheit gekennzeichnet ist, gilt als frommer Mann, der zahlreiche Wallfahrten unternimmt und seinem Großvater, dem 1297 heiliggesprochenen Ludwig IX., nacheifert.

„Eine Anklage wegen Häresie ist Sache der Inquisition, nicht des Königs", doziert Lucien. „Wenn Verdachtsmomente gegen die Templer vorliegen, dann muss die Inquisition tätig werden und erst, wenn das Urteil gesprochen ist, der weltliche Arm. Der König kann nicht über Nacht die Mitglieder des Tempels verhaften! Der Papst darf diesen Eingriff in die kirchliche Gerichtsbarkeit nicht hinnehmen. Er wird dafür sorgen, dass die verhafteten Ordensleute sofort freigelassen werden."

Die beiden Schauspieler sehen sich an. Auf Luciens Gesicht spiegeln sich Ratlosigkeit und Entsetzen, Jakobs Züge nehmen einen zynischen Ausdruck an.

„Ich sage dir: Die Tempelherren sind so unschuldig wie du und ich!", zischt er giftig und spuckt verächtlich auf den Boden.

„Philipp will sich durch diesen Schachzug der Reichtümer des Tempels bemächtigen. Die Anklage ist nur ein geschickter Vorwand, um den vermögenden Orden zu enteignen!"

„Da wäre ich nicht so sicher!", mischt sich Marie ein. Die Nachricht hat sich unter der Truppe verbreitet und die anderen umringen Jakob und Lucien mit schlaftrunkenen, ratlosen Gesichtern.

„Philipp fühlt sich von Gott dazu berufen, einen erbitterten Kampf gegen Magie und Teufelsbeschwörungen zu führen. Wenn der Verdacht bestand, dass die Templer einem Götzendienst huldigen, dann wartet er nicht auf die Inquisition, sondern schlägt selbst zu. Denkt an Johanna von Navarra!"

„In diesem Punkt hat Marie nicht Unrecht", gibt Lucien zu Bedenken, dessen Kopf vor Aufregung hochrot angelaufen ist. Er erinnert sich noch genau an den Fall, auf den die Künstlerin anspielt:

Damals schrieb man das Jahr 1302 und Bischof Guichard war ein einflussreicher Mann am Hofe. Er war mit Blanche von Navarra, der Mutter der Königin, gut befreundet. Er fiel plötzlich in Ungnade und verlor seine privilegierte Stellung. Blanche starb noch im selben Jahr, ihre Tochter Johanna drei Jahre später und der Bischof wurde für den Tod der beiden Königinnen verantwortlich gemacht. Man beschuldigte ihn, die schwarzen Künste erlernt und an Teufelsbeschwörungen teilgenommen zu haben. Einige Ordensbrüder belasteten den Bischof schwer und der König äußerte den Verdacht, der in Ungnade gefallene kirchliche Würdenträger habe seine Ehefrau Johanna und Blanche mit magischen Mitteln ermordet, um sich an der Königsfamilie zu rächen.

„Ihr lasst euch vom frommen Gesicht des Königs täuschen!", stöhnt Jakob und rauft sich das schwarz glänzende, lange Haar.

„Dieses starre Mimik ist nur eine Maske, die Philipp aufsetzt, um als fromm und untadelig zu gelten. Nur deshalb unternimmt er pompöse Wallfahrten und umgibt sich mit einem Heiligenschein. In Wahrheit ist er unzugänglich wie eine römische Statue. Menschliche Gefühle wie Angst oder Trauer um seine Ehefrau spreche ich ihm glattweg ab."

„Ich verstehe nicht, wie es zu dieser Anklage kommen konnte", lässt Lucien kopfschüttelnd verlauten. „Die Templer sind ein angesehener Orden, von adeligen Kreuzfahrern gegründet, um die Pilger im Heiligen Land vor muslimischen Angriffen zu schützen. Es ist eine ritterliche Bruderschaft, deren Ordensregel noch Bernard von Clairvaux mitgestaltet hat.

Und nun sollen plötzlich mehr als einhundert Anklagepunkte gegen diese Mönche vorliegen? Das kann ich mir nicht vorstellen!"

„Danke für die Belehrung!", versetzt Jakob bissig.

„Vergiss nicht hinzuzufügen, dass diese unschuldigen Tempelherren in den Folterkammern eines machtbesessenen, geldgierigen Königs verschwunden sind. Das ist einer der größten Skandale der Weltgeschichte und wir müssen tatenlos zusehen."

„Ich setze all meine Hoffnungen auf den Papst", erklärt Lucien fest. „Der Papst wird diesen Eingriff in die kirchliche Gerichtsbarkeit nicht dulden. Er muss den Alleingang des Königs ahnden, die Rechte der Inquisition geltend machen und die sofortige Freilassung der Templer veranlassen."

„Ausgerechnet Clemens V.!", höhnt Jakob und lässt seinem Groll freien Lauf, indem er die Gepäckstücke mit wütenden Fußtritten bearbeitet. Vorsichtig rückt Lucien seine sorgfältig geschnürten Pakete mit dem kostbaren Papier zur Seite. Wenn Jakob in Fahrt gerät, fragt er nicht nach dem Wert der Gegenstände, die ihm als Wurfgeschosse in die Hände geraten.

„Wer ist denn der neue Papst? Ein lebensfroher, vorsichtiger Jurist aus der Gascogne, der Konflikte scheut und zu Kompromissen neigt. Philipp hat ihn in der Hand! Und warum? Er hat Clemens V. angedroht, einen posthumen Prozess gegen seinen Vorgänger, Bonifaz VIII., anzustrengen, der in seinen Augen ein unrechtmäßiger Papst und ein Ketzer war.

Diesen Skandal, der die Autorität des Papsttum insgesamt erschüttert, wird Clemens nicht riskieren. Er ist nicht die Persönlichkeit, die den Kampf fortsetzt, den Bonifaz gegen die Krone geführt hat.

Und schließlich wird es unserem schönen Philipp gelingen, das Volk zu mobilisieren. Das hat er schon oft geübt. Er wird sich als der unbestechliche Monarch aufführen, der konsequent die gerechte Sache vertritt und er wird sich dabei des Volkes bedienen, als sei es eine Karte im Pokerspiel um die Macht. Ich habe diese armseligen Strategien längst schon durchschaut!"

Leider hat Jakob recht, gesteht sich Lucien ein und wird plötzlich schweigsam. Er hat aufmerksam die Jahre verfolgt, in denen die beiden Männer erbittert und hartnäckig um die Vorherrschaft kämpften. Der König beschuldigte Bonifaz VIII. des Nepotismus, der Simonie und der Häresie. Die Gerüchte, der Nachfolger Cölestins habe den Engelpapst unter Druck gesetzt, um seine Abdankung zu erzwingen, wollten nicht mehr verstummen.

Diese Auseinandersetzung zwischen Papsttum und Krone nahm immer gewalttätigere Züge an. Letztendlich waren es diese Ereignisse, die Lucien bewogen, der Theologie den Rücken zu kehren ...

Der Jurist Benedikt Gaetani gelangte auf den Stuhl Petri, als sein Vorgänger Cölestin auf die Papstwürde verzichtete und zurücktrat. Als Bonifaz VIII. fühlte er sich weiterhin seiner vielköpfigen Verwandtschaft verbunden und kaufte ausgedehnte Ländereien für die Seinen. Schnell dehnten sich die Besitztümer der Familie aus und diese territoriale Ausdehnung der Gaetanis wurde von der altehrwürdigen Familiendynastie der Colonna mit Sorge beobachtet. Werden die Gaetanis die Machtstellung der Colonna bedrohen?

Am dritten Mai 1297 bewegt sich eine Mauleselkarawane auf Rom zu, die über und über mit Gold beladen ist. Mit diesem Gold will der Papst neue Besitztümer ankaufen.

Da wird es dem jungen Stephan Colonna zuviel: Er überfällt den Transport und raubt das edle Metall. Man verhandelt. Das erbeutete Gold wird zurückgegeben, aber so leicht gibt sich Papst Bonifaz nicht zufrieden! Er fordert die Auslieferung Stephans und verlangt, dass in den wichtigsten Städten der Colonna päpstliche Besatzungen stationiert werden.

Der Familienrat der Colonna tritt zur Beratung zusammen. Auch ein Freund der Familie ist anwesend, der Franziskaner Jacapone da Todi, der sich „Cölestiner" nennt, um seiner Verehrung für den zurückgetretenen Papst Cölestin Ausdruck zu verleihen. Er hat den asketisch lebenden Eremiten noch persönlich gekannt, dem überraschend die Würden des höchsten Amtes zufielen und der auf einem Esel zu seiner Krönung ritt.

Der Familienrat verabschiedet ein Manifest, in dem die Rechtmäßigkeit der Papstwahl angefochten wird. Bonifaz soll sich vor einem allgemeinen Konzil verantworten, das bestehende Zweifel klären soll.

Auf dieses Manifest antwortet Papst Bonifaz mit einer Bulle, in der die beiden Kardinäle der Familie Colonna exkommuniziert werden. Nun halten sich die Kontrahenten nicht länger zurück und äußern sogar den Verdacht, der Vorgänger des Papstes sei ermordet worden.

Der Papst exkommuniziert und ächtet die gesamte Familie. Doch noch immer ist es nicht genug!

Drei Monate später ruft Bonifaz zum Kreuzzug gegen die feindliche Familie auf. Die „Kreuzfahrer" erobern in diesem „Heiligen Krieg" alle Städte der Colonna. Unvorstellbar sind die Leiden der Bauern und Dorfbewohner, die innerhalb der Grenzen dieser Besitztümer leben! Einige werden erschlagen oder in die Sklaverei verkauft und die Eroberer eignen sich all ihre Habseligkeiten an.

Der grausame Krieg währt den ganzen Winter und auch noch im Frühjahr: Erst im Spätsommer 1298 sind alle Städte in die Hände der „Kreuzfahrer" gefallen, alle Städte mit Ausnahme von Palestrina, eine der ältesten Städte Italiens, in deren Palast sich die Familie Colonna verschanzt und erbittert Widerstand leistet.

Da greift der Papst zur List: Er verspricht, der gegnerischen Familie ihren hohen Rang zurückzugeben, wenn sie die Stadt freiwillig ausliefert. Im Vertrauen auf das Wort des Papstes ergeben sich die Eingeschlossenen und nehmen den Urteilsspruch entgegen: Die beiden Kardinäle werden freigelassen, Stephan soll als Buße eine Pilgerfahrt antreten, Jacopone da Todi wird ins Gefängnis geworfen.

Ein milder Urteilsspruch des Papstes? Ja – aber dann wird die Stadt Palestrina zerstört.

Bonifaz folgt dem Beispiel eines römischen Feldherrn und ordnet an, man solle die Stadt umpflügen und Salz in die Furchen streuen, damit der Boden für immer unfruchtbar bleibt. So wird der Familiensitz des Gegners in ein ödes Trümmerfeld verwandelt.

Als die Colonna ins Exil aufbrechen, ist die Macht des Papstes gefestigt, aber sein Gesundheitszustand ist äußerst bedenklich. Die Kardinäle klagen über Demütigungen und unbeherrschte Wutausbrüche des Pontifex. Leidet er an Gicht oder hat ein böser Geist von ihm Besitz ergriffen?

Er lässt sich von einem spanischen Arzt und Theologen behandeln, der bei ihm Berufung gegen seine Verurteilung als Ketzer einlegte. Gerüchten zufolge soll er Bonifaz mit Zauberkünsten am Leben erhalten! Dieser Arnold von Villanova saß schon im Gefängnis, bevor er den Gang nach Rom antrat und dort überraschenderweise zum Leibarzt des Papstes ernannt wurde.

Lucien hat sich zurückgezogen und hängt seinen Erinnerungen nach. Ein weiteres Argument Jakobs ist zutreffend: Philipp der Schöne benötigt stets Geld und schreckt weder vor Münzverschlechterungen noch vor Steuererhöhungen zurück. Auch in der Konfrontation mit Bonifaz geht es zunächst um Geld. Auf der Suche nach neuen Einkommensquellen besteuert der König den französischen Klerus, insbesondere den Zisterzienserorden. Diese Forderung weist Bonifaz per Bulle zurück.

Philipp verbietet daraufhin die Geldausfuhr und so versiegen die Einkünfte aus der französischen Kirche. Der Streit zieht sich mehrere Jahre hin und bringt die französische Geistlichkeit in ein unerträgliches Spannungsverhältnis: Soll sie sich auf die Seite des Königs oder auf die Seite des Papstes stellen?

Es kommt zu Verbalattacken! Philipp wendet sich mit den Worten" Deine höchste Albernheit" an den Papst und dieser antwortet: „Wisse, dass wir dich absetzen können wie einen Stalljungen ..."

Als Philipp 1302 die Generalstände einberuft, stellt sich ein großer Teil des französischen Klerus auf seine Seite. Wieder antwortet Bonifaz wortgewaltig mit einer Bulle, in der er seinen Machtanspruch bekräftigt: Auch die weltliche Macht liegt letztendlich in den Händen des Pontifex, erklärt die Bulle Unam Sanctam. Er kann sie den Königen übertragen, aber er kann sie auch wieder zurücknehmen. Amen!

Als sich das französische Parlament zum zweiten Mal versammelt, bezeichnet es den Papst als Ketzer und äußert den Wunsch nach einem Konzil, das die Vorwürfe prüft und Bonifaz absetzt.

Dieser entflieht gerade der Hitze Roms, um sich in seinen Geburtsort Anagni zurückzuziehen. Er ahnt nicht, dass in aller Heimlichkeit eine Verschwörung gegen ihn vorbereitet wird. Man schreibt das Jahr 1303. Wilhelm von Nogaret, der Kanzler und Jurist des Königs, ist mit allen Wassern gewaschen. Er trifft sich mit einem Überlebenden der Familie Colonna. Am frühen Morgen eines Septembertages zieht eine Truppe bewaffneter Männer durch das Stadttor von Anagni und schlägt die Kardinäle und Wachen, die den Papstpalast verteidigen, in die Flucht.

Colonna und Nogaret dringen in das Gebäude ein und sehen sich Bonifaz gegenüber, der sie in päpstlicher Amtstracht mit der Tiara auf dem Haupt auf seinem Thron sitzend erwartet.

Drei Tage lang halten die Eindringlinge den Papst gefangen, dann werden sie von den Einwohnern vertrieben. Der Papst wird befreit und nach Rom gebracht, wo er wenige Wochen später stirbt.

Sein Nachfolger Benedikt regiert weniger als ein Jahr und nach elfmonatiger Sedisvakanz gelangt Clemens V., ein Franzose, auf den Papstthron, der nun auf diesen Skandal, den königlichen Alleingang bei der Festnahme der Tempelherren, reagieren muss. Wird er den alten, angesehenen Orden gegen die Vorwürfe des Königs verteidigen? Niemand weiß, wie der Mann aus der Gascogne diesen schwierigen Fall lösen wird!

„Lucien, du versponnener Träumer! Wo bist du mit deinen Gedanken?" Jakob grinst nachsichtig und versetzt dem schweigsamen Gefährten einen sanften Seitenhieb, der ihn in die Realität des rumpelnden Planwagens zurückholt.

„Wir haben uns gerade gefragt, wie sich der Inquisitor von Paris in diesem Konflikt verhalten hat und noch verhalten wird. Man erzählt, Wilhelm sei dem König treu ergeben. Als Beichtvater des Königs wird er wohl kaum Stellung zugunsten der Templer beziehen! Oder was denkst du?"

Lucien ist noch ganz in seine Gedanken versunken und blickt erstaunt in die Runde.

Wie schnell sich Jakob wieder besänftigt! Die verblüffenden Stimmungswechsel des Narren verschlagen ihm jedes Mal die Sprache. „Ein großer, talentierter Junge, der niemals erwachsen wird!", denkt

Marie, als sie den verträumten Blick Luciens auffängt. „Seine Augen blicken naiv in die Welt wie die eines Kindes, das Bosheit und Niedertracht nicht verstehen kann." Sie lächelt ihm ermutigend zu. Die ältere Schauspielerin hat den versponnenen Theologen unter ihre Fittiche genommen.

Jakob legt gönnerhaft seinen Arm um Luciens Schultern. Wie ein Vater, der seinem unaufmerksamen Sohn eine wichtige Lektion erteilt, unterstreicht er seine Worte mit erhobenem Zeigefinger: „Also höre zu! Die Krone hat Kompetenzen, die der Inquisition vorbehalten sind, an sich gerissen. Hier hat der Pariser Inquisitor eine wichtige Schlüsselrolle. Wenn er das Vorgehen des Königs absegnet und sein Einverständnis gibt – was kann dann der Papst noch tun?

Schlimmer noch: Wenn die Tempelherren unter der Folter ein Geständnis ablegen, dann gilt dies als Schuldbeweis. Niemand wird mehr daran denken, dass es nicht Sache des Königs war, Anklage zu erheben! Niemand wird mehr darüber sprechen, dass die Verhöre von den Folterknechten und in den Kerkern des Königs geführt wurden.

Und Philipp wird diese Anklage nutzen, um das Volk aufzuwiegeln. Seht: Ketzerei, Unzucht und Götzendienst verbreiten sich selbst innerhalb der Kirche! Doch niemand kann mich, den tugendhaften und unbestechlichen König, täuschen. Das wird seine Botschaft an das Volk sein."

Jakob knirscht mit den Zähnen, schüttelt seine schwarze Mähne und wirft ihm vielsagende Blicke zu. Lucien befreit sich unsanft aus der Umklammerung des Gefährten und entgegnet wütend: „Du stellst demonstrativ deinen Scharfsinn zur Schau und erteilst uns im privaten Kreis Lektionen, aber was tust du, um die Situation zu verändern? Wenn die Leute auf dem Land und in den Städten lernen, diese Zusammenhänge so zu durchschauen wie du, dann sind sie nicht mehr die Marionette im Spiel der Machthaber! Der Mann auf der Straße verehrt die Würdenträger als Stellvertreter Gottes auf Erden und sieht nicht, dass sie von Leidenschaften, Machtgier und Niedertracht getrieben werden. Er benötigt Wissen und Ermutigung und wir Theaterleute sind dazu da, ihm die Alternativen zu eröffnen, indem wir ihm zuflüstern: Du bist nicht Sklave im Drama des Lebens! Wer wird das gemeine Volk aufklären? Wer wird diesem tumben Tor die Augen öffnen? Wer wird ihm die Hintergründe der Machtkämpfe erklären? Wirst du es tun, wenn du als Narr auf der Bühne stehst? Oder willst du dich ewig als der Klügere aufspielen?"

Lucien hält erschöpft inne und blickt in die Runde. Marie lächelt ihm nickend zu, andere blicken gelangweilt und verständnislos, Jakob scharrt mit dem Füßen wie ein missmutiges Pferd und blickt mit gefalteten Händen ironisch gen Himmel. Wieder ein geistiger Höhenflug des weltfremden Theologen!

Zwei markante Furchen graben sich in Luciens Mundwinkel und seine tonlose Stimme bebt vor unterdrücktem Zorn, als er jetzt hinzufügt:

„Wir werden diese Ereignisse auf die Bühne bringen!"

„Bist du wahnsinnig?", heult Jakob auf und dreht sich wie ein Kreisel. „Wenn du auf dem Scheiterhaufen landen willst, dann gehe bitte allein!"

„Wir werden die Zuschauer in Gefilde tragen, die von der Christenheit weit entfernt sind – dahin, wo noch barbarische Sitten herrschen. Aus dem König wird ein despotischer Sultan, aus dem Papst wird ein römischer Gott oder ein ägyptischer Pharao ... Oder wir verlagern die Handlung ins wilde Mongolenreich des Dschingis Khan, wo es keine Räuberei, keinen Diebstahl gibt und wo Truhen und Wagen weder Schloss noch Riegel haben, wie die beiden Franziskaner, die dort als Besucher lebten, zu berichten wussten. Wir werden fremdländische, orientalische Kostüme tragen oder wir werden zu Märchengestalten, die plötzlich zum Leben erwachen.

Und im Verlauf des Stücks werden die Zuschauer erkennen, dass im fernen Morgenlande, im Reiche des Märchens und im wilden Mongolenimperium dieselben menschlichen Leidenschaften und Laster ihr eitles Spiel treiben wie hier. Dann haben wir Gaukler unsere Aufgabe erfüllt."

Der Planwagen rollt ratternd durch das Pariser Stadttor und Lucien verstummt.

Kapitel 12: In Kerkerhaft

Liebe Anna,

diese Nachricht richte ich an Dich persönlich und ich werde Dir in diesem Brief schildern, wie es mir seit unserer Trennung erging.

Nach der öffentlichen Verbrennung des Spiegel lebte ich einsam und von der Gemeinschaft isoliert und Du weißt, wie schwer mir diese Lebensweise fiel, denn Du hast mich besucht, mich versorgt und hast zu mir gehalten. Ich werde nie Deinen Beistand vergessen, Anna, nie!

Als dann erneut Anklage gegen mich erhoben wurde, nahm man mich fest und der Inquisitor von Lothringen und der Bischof von Cambrai führten die ersten Verhöre.

Dabei ging man mit Selbstverständlichkeit davon aus, dass es sich bei dem früher verbrannten und verbotenen Buch um ein ketzerisches Werk handelt. Ich verlangte, dass man mir die Stellen im Spiegel nennen möge, die der Kirchenlehre nicht entsprechen, aber die Inhalte des Buches standen gar nicht mehr zur Diskussion.

Nicht das bereits verurteilte Buch hätte zu einer erneuten Anklage geführt, sondern meine Versuche, es trotz Verbot und Verbrennung weiterzuverbreiten, sagte der Inquisitor.

Daraufhin verweigerte ich den Eid, dessen Ableistung in diesen Verfahren als vorläufiges Schuldeingeständnis gilt und äußerte mich dazu nicht mehr.

Mein Schweigen schien den Inquisitor mehr zu beunruhigen als flammende Verteidigungsreden. Offensichtlich lagen ihm keine Beweise für die Anschuldigung vor, das Buch sei von mir unter dem gemeinen Volk verbreitet worden und er hatte fest mit meinem Geständnis gerechnet. Da ich aber weiterhin schwieg, bezeichnete man mich als hartnäckige, uneinsichtige Ketzerin und der Inquisitor drohte mir mit der Auslieferung an Wilhelm von Paris.

Er gab mit einem warnenden Unterton zu verstehen, dass Philipp von Marigny, der Bischof von Cambrai, gute Beziehungen zum Königshaus unterhält: Sein leiblicher Bruder hat als Schatzmeister und Kammerherr des Königs eine einflussreiche Stellung am Hofe.

In Paris werde mit verstockten Angeklagten nicht lange gefackelt! Der König führe höchstpersönlich den Kampf gegen die Häresie.

Er nahm meine Versuche, erneut die Inhalte des Spiegel zur Sprache zu bringen, nicht zur Kenntnis. Ich beschreibe dir hier nicht die Demütigungen, die mir zugefügt wurden, all die Versuche, meinen Willen und meine Entschlossenheit zu brechen.

Jedenfalls wurde ich durch die Vermittlung dieses Bischofs, der gute Beziehungen zur Krone unterhält, nach Paris ausgeliefert. Doch auf dem Weg dorthin erlebte ich einen tröstlichen Zwischenfall, der mich aufrichtete und stärkte:

Unser Wagen näherte sich schon den Wäldern in der Umgebung der großen Stadt und draußen brach die Dämmerung herein. Ich bewunderte die herbstliche Farbenpracht – auf dieser letzten Reise erschien mir jeder Sonnenstrahl wie ein Abschiedsgruß, den ich dankbar und voller Staunen über die Schönheiten dieser Erde beantwortete.

Ich hatte mich in einer Ecke zusammengekauert und meine Bewacher schienen ihre schweigsame Gefangene vergessen zu haben. Sie dösten vor sich hin und gaben von Zeit zu Zeit einige Schnarchlaute von sich.

Plötzlich versperrte ein Hindernis den Weg und der Wagen hielt ruckartig an. Da der Boden durch die häufigen Regenfälle der letzten Wochen aufgeweicht war, gab es nicht die Möglichkeit, an den Wegesrand zu fahren, um der Blockade auszuweichen und der Fahrer schickte sich missmutig und fluchend an, die querliegenden Stämme beiseite zu räumen.

Wir hielten die bunte, maskierte Schar, die mit Trommeln, Pfeifen und Zimbeln herbeieilte und den holprigen Wagen umstellte, für Wegelagerer, aber nach einer Weile gab sich das Völkchen als durchreisende Schauspiel- und Musikantentruppe zu erkennen, die gerade ihr abendliches Mahl mitten im Wald einnahm.

Die Leute luden uns freundlich ein, daran teilzuhaben, denn sie feierten das Ende einer erfolgreichen Tournee und waren gastfreundlich gestimmt. Wir versammelten uns um das wärmende Feuer und meine Bewacher sprachen erfreut dem köstlichen Wein aus Italien zu, der bereitwillig und großzügig ausgeschenkt wurde.

Die Runde war besonders von den atemberaubenden Darbietungen einer Jongleurin angetan und sparte nicht mit anzüglichen Späßen. Es war dieselbe Frau, die mich in meiner Hütte aufgesucht hat, als ich dort vor Angst fast verzweifelte. Ich weiß, dass sie die Zukunft sehen kann und dass sie diese besondere Fähigkeit einsetzt, um den Menschen zu helfen.

Bei diesem Gelage aber gab sie durch warnende Zeichen zu verstehen, dass sie keine Begrüßung oder Kontaktaufnahme wünsche und so hielt ich mich schweigend im Hintergrund.

Während der Darbietungen, in denen die Artistin die Aufmerksamkeit ihrer begeisterten Zuschauer zu fesseln wusste, versorgte mich eine als Narr maskierte Gestalt blitzschnell mit Nahrung und einem schon vorbereiteten Paket lebensnotwendiger Dinge – darunter war auch dieser merkwürdige Stoff, den man Papier nennt und auf den ich jetzt diesen Brief schreibe.

Nach dem Mahl legte die Truppe mit lautem Gejohle Hand an, um das im Schlamm festsitzende Gefährt auf trockenes Gelände zu hieven und begleitete uns noch ein Stück des Wegs. Meine Bewacher, die der Wein gesprächig machte, beantworteten ohne Umschweife die neugierigen Fragen des Narren nach dem Woher und dem Wohin.

Wie dem auch sei – dieser Zwischenfall bewirkte, dass ich ausreichend versorgt und beinahe guten Mutes in Paris ankam.

Mit Entsetzen sah ich dann das abscheuliche Loch, in dem ich hungernd und frierend dahinvegetiere. Tag und Nacht unterscheiden sich kaum: Durch das weit entfernte Gitterfenster, das in die Außenwelt führt, sehe ich einen hellen Spalt, der für eine Weile verschwindet und dann wieder erscheint, mehr ist in diesem dunklen, feuchten Gewölbe nicht zu erkennen. Kein Sonnenstrahl durchdringt die dicken, modrigen Mauern, die so niedrig sind, dass man kaum aufrecht stehen kann.

Nicht der Hunger, der ekelhafte Schmutz, die eisige Feuchtigkeit der Wände und die ständige Dunkelheit sind das Schlimmste in diesem Kerker, das Entsetzlichste sind die Methoden, mit denen man versucht, die Widerstandskraft und die Persönlichkeit des Gefangenen zu brechen.

Die Aufseher sind stiernackige und primitive Männer, die sich ein Vergnügen daraus machen, mich durch die Kerkeröffnung zu beobachten und durch laute Beschimpfungen und zotige Zurufe aus dem Schlaf zu reißen, sobald ich mich zur Ruhe lege. Ich schlafe hier kaum, denn es gibt keinen intimen Raum, keine Rückzugsmöglichkeit, keinen Schutz vor den gierigen Blicken dieser abgestumpften Menschen. Allein die Vorstellung, ihnen wehrlos ausgeliefert zu sein, tötet in mir jedes Fünkchen Lebenswillen und Mut.

Sie zeigten mir zu Beginn der Haft die Folterinstrumente und erklärten mit prahlerischem Stolz, dass die Schmerzzufügung auf einem ausgeklügelten System beruht, dem kaum jemand Widerstand entgegensetzen kann, höchstens der Teufel selbst. Was da ein menschliches Gehirn ersonnen hat, ist so unvorstellbar, dass man nur mit Jesus beten kann: „Vater, lass diesen Kelch an mir vorübergehen!"

Nie hätte ich gedacht, dass es Menschen gibt, die all ihr Wissen, ihre Energie, ihre Zeit und ihren Verstand dazu einsetzen, Folterwerkzeuge zu ersinnen und zu erproben, die ein Maximum an Leiden für andere schaffen. Sie tun dies nicht widerwillig oder gezwungen – nein, sie erfreuen sich daran und sind stolz auf diese menschenverachtende, verwerfliche Tätigkeit! Es handelt sich ausnahmslos um Charaktere, die ihrer Aufgabe leidenschaftlich verfallen sind und die in den Inquisitionsgerichten und in den Gefängnissen eine Arbeit gefunden haben, bei der sie ihr immenses Potenzial an Grausamkeit und Brutalität hemmungslos entfalten dürfen.

Wie viele unschuldig Angeklagte, die diesen Qualen ausgesetzt waren, verfluchten in der Verzweiflung ihre Peiniger und haderten mit Gott, weil er ein so himmelschreiendes Unrecht zulässt und weil dies sogar in seinem Namen geschieht! Wie viele Opfer gestanden auf der Streckbank oder unter den Daumenschrauben alles, was man ihnen zur Last legte, nur, um endlich dem Schmerz ein Ende zu setzen! Wie menschlich verständlich werden unter diesen Bedingungen die Reaktionen der Gedemütigten – Verzweiflung, Hader, Zorn und Zweifel an Gottes Güte!

Auch ich weiß nicht, ob mein anfälliger Körper im Ernstfall den Qualen standhalten kann, aber ich bitte aus tiefster Seele um die Gnade, auch in der äußersten Pein niemals das Bewusstsein der Liebeseinheit mit Gott zu verlieren.

Jetzt habe ich Hunger, friere, leide unter der Schlaflosigkeit und der Häme der Aufseher, aber ich kenne auch den machtvollen Frieden der Seele im Zustand der Befreiung. Diese Seinsweise ist meine wahre Natur und durch sie habe ich Anteil am göttlichen Sein.

In den ersten Verhören trat Wilhelm von Paris als väterlicher Freund auf. Er ermahnte mich, häretischem Gedankengut abzuschwören und mich dem Urteilsspruch der Kirche zu unterwerfen. Er wolle mich gerne vor der Brutalität der Folterknechte behüten und auch vor einer länger andauernden, mit quälenden Gewissenskonflikten verbundenen Phase der Exkommunikation, die er nun zu verhängen habe, weil ich den vorgeschriebenen Eid verweigerte. „Ihr seid eine schwache Frau, die den Torturen nicht gewachsen ist. Sagt nur einen einzigen Satz, bekennt Euch schuldig, widerruft die häretischen Aussagen Eures Buchs und Ihr rettet Euer Leben!" ruft Wilhelm beschwörend und wendet die Augen gen Himmel.

Leute vom Schlage Wilhelms von Paris behaupten, im Auftrag Gottes zu handeln.

Sie behaupten, GOTT verlange ihnen ab, die Ketzer mit grausamer Folter, unnachsichtiger Bestrafung und Tod auf dem Scheiterhaufen zu vernichten. Sie behaupten, GOTT fordere das Blutopfer derer, die mit ihren eigenen, engstirnigen Vorstellungen nicht konform gehen. Eines weiß ich mit Gewissheit: Dies kann nicht Gottes Wille sein!

Sie entwerfen ein Zerrbild von GOTT, wenn sie IHM ihr eigenes Denken, ihr eigenes Empfinden, ihre eigene Härte, ihre eigene Grausamkeit, ihren eigenen Fanatismus und ihren eigenen Willen zur Machtausübung zuschreiben. Vielleicht werden viele Beobachter verständnislos fragen: Warum zieht sie den Kopf nicht aus der Schlinge? Warum unterwirft sie sich nicht der Anweisung des Inquisitors, um ihr Leben zu retten?

Darauf antworte ich: Die befreite Seele kann nicht mehr zurück in das enge, erstickende System erzwungener Frömmigkeit. Sie kann nicht mehr zurück in ein Denken, das auf Angst vor Strafe und Verurteilung beruht. Sie kann nicht mehr zurück zum Schreckbild des rächenden, unbarmherzigen Gottes, das den Phantasien der Fanatiker entspringt.

Die befreite Seele kann nicht mehr zurück, ebenso wenig wie der Fluss, der nach seiner Mündung ins Meer nicht mehr zurückfließt. Sie kann ihre Wahrheit, ihre Essenz, ihr ursprüngliches Sein nicht verleugnen, auch dann nicht, wenn ihr Leben auf dem Spiel steht.

Mit meiner menschlichen Natur leide ich unter Machtgier und Grausamkeit und neige dazu, zu streiten, zu kämpfen, zu klagen und diesem beengenden Horizont, der mir wie ein tödliches Fangnetz übergeworfen wird, mit Rechtfertigungen und Erklärungen zu begegnen.

Noch verfängt sich mein Denken zuweilen im menschlichen Verwirrspiel: Ich ängstige mich, leiste Widerstand, verabscheue die Unmenschlichkeit der Folterknechte und die Eiseskälte der Machtstrategen und der Gedanke an den physischen Schmerz erfüllt mich mit panischer Angst. Es ist das Ich, das auf dieser menschlichen Ebene streiten und rechten will. Es ist der Eigenwille, der die körperliche Existenz mit allen Mitteln zu retten sucht.

Ich versuche, darüber hinauszugehen und die Seinsweise der Befreiung zu realisieren, die der Spiegel lehrt. Diese göttliche Botschaft kann ich nicht widerrufen – sie ist mein Vermächtnis, das ich denen widme, die verstehen.

Marguerite

Kapitel 13: Das Urteil

„Fünfundvierzig der festgenommenen Tempelherren haben ihre früheren Geständnisse widerrufen und öffentlich gestanden, dass diese Aussagen nicht der Wahrheit entsprechen.

Die kampferprobten Männer erklärten, man habe ihnen durch unvorstellbare Peinigungen ein falsches Schuldbekenntnis abgepresst. In dieser Situation hat der von Schmerzen fast wahnsinnige Befragte nur noch einen Wunsch: Dass die Tortur aufhört! Dafür gesteht er alles, was man von ihm hören will und beschuldigt sich selbst, Gott und die Welt.

Die Templer sind keine weltfremden, verzärtelten Mönche. Sie haben gefährliche Extremsituationen im Kampf mit den Sarazenen erlebt, haben in fernen Ländern Entbehrungen durchlitten und in schweren Kämpfen am Idealbild des tapferen Ritters festgehalten, aber der Folter konnten sie nicht standhalten. So wurden fromme, angesehene Männer zu einem Eingeständnis haarsträubender Untaten wie Götzenverehrung und Unzucht genötigt. Und dies zeigt: Die Folter ist ein Terrormittel, mit dem die Inquisition und in diesem Falle die Schergen des Königs selbst die absurdesten Anschuldigungen „beweisen" können.

Die angeklagten Templer hatten den Mut, ihr Geständnis öffentlich zu widerrufen, aber leider rettete die späte Beteuerung ihrer Unschuld ihr Leben nicht – im Gegenteil: Sie wurden als „rückfällige Ketzer" zum Tode verurteilt und starben auf dem Scheiterhaufen. "

Luciens Stimme klingt gebrochen und erschüttert, als er fortfährt:

„Wir müssen realistischerweise davon ausgehen, dass auch Marguerite Folterqualen ausgesetzt ist. Sie hat kein Geständnis abgelegt und ist seit mehr als einem Jahr exkommuniziert – schon allein aufgrund dieser langen Zeitspanne gilt sie dem Inquisitionsgericht als besonders verstockt und hartnäckig. Sogar Wilhelm, der Inquisitor, scheint durch die erstaunliche Standhaftigkeit dieser Frau verunsichert und hat sich deshalb vor einigen Monaten Rückendeckung geholt: Er ließ

21 Theologen der Pariser Fakultät in der Kirche des Mathurins zusammenkommen und legte ihnen Auszüge aus dem Spiegel vor. Das Ergebnis der Kommission ist einstimmig: Es handelt sich aus der Sicht der versammelten Herren um ein häretisches Werk!"

Es ist im Raum so totenstill geworden, dass man als einziges Geräusch das eintönige Brummen einer Fliege vernimmt. Justin, der bisher mit energischen Schritten das behaglich eingerichtete Zimmer durchquerte, ist mit bleichem Gesicht und schreckgeweiteten Augen stehen geblieben und stützt seinen Ellenbogen hilfesuchend an die kunstvoll verzierte Vertäfelung.

Es ist ein heisser, sonniger Tag. Die unerwartet hohen Temperaturen in diesem Wonnemonat Mai erhitzen die Gemüter und lasten wie Bleigewichte auf den Gliedern. Zum Glück ist der Raum, in dem sich die Gäste versammelt haben, halb verdunkelt und angenehm kühl; die beklommenen Gesichter sind nur schemenhaft zu erkennen.

Der Bann der Angst, der sich nach dem knappen, erschütternden Report des Schauspielers und Theologen über die kleine Gruppe legte, ist in der nun folgenden Stille fast körperlich spürbar.

Justin, Gastgeber wider Willen, fühlt sich nicht wohl in diesem Kreise und er hat Mühe, sein aufbrausendes, gereiztes Naturell unter Kontrolle zu halten. Seine Wutanfälle sind beim Gesinde und bei seiner Frau äußerst gefürchtet, aber in dieser Runde hier ringt er um Selbstbeherrschung, denn sein öffentliches Ansehen steht auf dem Spiel.

„Dieses fahrende Volk lebt von düsteren Prophezeiungen und schlechten Nachrichten! Kein Wunder, denn diese Leute haben nichts zu verlieren!"

Sein einstiger Studienfreund, der hochbegabte Theologiestudent Lucien, den er früher bewunderte und verehrte, ist in dieses zweifelhafte Milieu abgeglitten und führt sich seitdem wie ein Volkstribun auf. Wie beneidete er einst als Student den talentierten Zimmergenossen, der mit Theorien jonglieren konnte, wie mit den federleichten Bällen, die er jetzt als Komödiant in die Luft wirft und mit unnachahmlicher Eleganz wieder auffängt!

Ihm, Justin, fielen die Studien wesentlich schwerer – er musste sich abrackern und schuften, musste Beziehungen aufbauen, Zugeständnisse machen, um gute Bewertungen feilschen ...

Der Luftikus, der unstete, nervöse, unberechenbare Lucien hingegen mit dem schmalen Gesicht und der Lockenmähne kannte diese aufreibenden, nervtötenden Machenschaften nicht. Er absolvierte seine Studien mit Bravour- und sogar anstrengungslos, mit derselben traumtänzerischen Leichtigkeit, mit der er durchs Leben taumelt. Als er sein exzellentes Diplom in den Händen hielt, blickte er einer vielversprechenden Zukunft als gelehrter Theologe entgegen.

Was dann geschah, wird Justin nie verstehen: Lucien zog es vor, sich einer Theatergruppe anzuschließen. Welch irrsinnige, verstiegene Entscheidung!

Der Schauspieler und seine merkwürdige Gefolgschaft versammeln sich heute in seinem Haus, in dem üblicherweise das gehobene Bürgertum der Stadt mit den besten Beziehungen zu Adelskreisen verkehrt! Angeblich will man über Marguerites Lage Informationen austauschen, aber bisher hat Justin nichts als erschreckende Hiobsbotschaften vernommen. Verwechseln diese Schmierenkomödianten das Heim eines angesehenen Arztes mit einer Bühne?

Anna erträgt die drückende, beengende Atmosphäre nicht länger und ruft aus:

„Wie oft hat Marguerite selbst davor gewarnt, die Sätze ihres Buchs sinnentstellend aus dem Zusammenhang zu reißen! Sogar ich verstehe, dass einzelne Sätze missverständlich interpretiert werden können und ich bin nur eine einfache, ungebildete Kopistin! Eine gelehrte Theologenrunde müsste weitaus eher als ich einsehen, dass es unzulässig ist, einen Text zu zerstückeln und einzelne Aussagen aus dem Kontext zu lösen! Dieses Verfahren muss doch zu Missverständnissen führen."

Anna schaut fragend in die Runde und da niemand antwortet, fährt sie so aufgeregt fort, dass sich ihre Stimme überschlägt:

„Nehmen wir den umstrittenen Satz, der vom Abschied von den Tugenden spricht. Soll das heißen, dass sich die Seele nun von den Tugenden löst, um einem lasterhaften Leben zu frönen? Nein! Man muss weiterlesen, um diesen Satz richtig zu verstehen. Der Spiegel erklärt, dass die befreite Seele die Lehrmeisterin der Tugenden, die göttliche Liebe nämlich, in sich trägt. Dies bedeutet, dass die Seele nicht mehr blind den Vorschriften folgt, sondern aus einer anderen, höheren Motivation heraus tugendhaft handelt. Ich könnte euch weitere Stellen nennen, die nicht aus dem Zusammenhang herausgerissen werden dürfen." Anna verfügt über ein ausgezeichnetes Gedächtnis und hat die Textstelle nahezu wortgetreu zitiert.

Der Brief Marguerites hat sie in hellen Aufruhr versetzt und sie ist nach Paris gekommen, um mit Justin Kontakt aufzunehmen und mit ihm zu beraten, wie man der Gefangenen helfen könnte. Niemand ahnt, wie schwer ihr die Reise fiel! Sie liebt es, einem klar strukturierten Tagesablauf zu folgen und diese Regelmäßigkeit ist für sie ein ehernes Gesetz. Sie betritt täglich zur selben Zeit ihre Schreibstube und verlässt sie erst wieder, wenn sie ihr Pensum geschafft hat. Dabei neigt sie zur Pedanterie und hasst Veränderungen, die sie aus ihrem gewohnten Rhythmus reißen; insbesondere Ortwechsel und Reisen versetzen sie jedes Mal in höchste Alarmbereitschaft. Als sie sich letztendlich entschloss, nach Paris zu fahren, war sie tagelang mit Packen beschäftigt und verstaute eine Vielzahl von Utensilien in riesigen Gepäckstücken in der festen Überzeugung, nur mit dieser enormen Ausrüstung gegen alle Gefahren der Reise gewappnet zu sein. Als aber der Kutscher mürrisch die Verladung des stattlichen Gepäcks verweigerte, verschob Anna die Abfahrt um einige Tage und reduzierte schweren Herzens ihre Habe. Endlich in Paris angekommen fand sie im Beginenhaus freundliche Aufnahme und machte sich sofort in der Schreibstube nützlich.

Noch immer hat sie sich nicht von den Anstrengungen der Reise erholt! Sie hat aber in der verstaubten, chaotischen Dachkammer, die allerlei unleserliche Manuskripte und ungeordnet abgelegte Schriftstücke beherbergt, ihr neues Reich gefunden, in dem sie wie eine Königin die Befehlsgewalt über alles Geschriebene auszuüben gedenkt.

Lucien nickt bei Annas erregten Worten beifällig und ergänzt:

„Die Kommission, die mit der Beurteilung des Buches beauftragt war, kannte nur einzelne, aus dem Zusammenhang gerissene Sätze, nicht den gesamten Text. Aber es kommt noch ein weiteres Kriterium dazu: Die Aussagen werden nach dem Prinzip Verba prout sonant beurteilt, das heißt, man prüft sie unter dem Blickwinkel, ob diese Worte bei Ungebildeten einen falschen Eindruck hervorrufen. Nicht die Absicht des Verfassers oder der Verfasserin ist dabei maßgebend, sondern die mögliche Wirkung auf Menschen ohne theologisches Wissen, also auf den gemeinen Mann, die gemeine Frau. Und auf diesem Weg gelangte die Versammlung Pariser Theologen zu ihrem einstimmigen Urteil."

Justins innere Erregung entlädt sich motorisch. Er beginnt erneut, den Raum mit schwerem Schritt zu durchmessen. Der solide Holzboden ächzt unter seinem massiven Gewicht.

„Wie kannst du den Prozess gegen die Templer mit dem gegen Marguerite vergleichen?", fragt er grimmig und betrachtet seinen alten Studienfreund Lucien kopfschüttelnd und vorwurfsvoll. „Es ist durchaus nicht von der Hand zu weisen, dass die Tempelherren muslimischen oder heidnischen Einflüssen erlegen sind! Sie haben sich bei ihren Reisen im Orient wahrscheinlich zu Götzendienst und Magie verleiten lassen. Eine Häresieanklage gegen einen Orden, der in unserer Ständeordnung eine einflussreiche, privilegierte Stellung genießt, ist von größter öffentlicher Bedeutung und deshalb verstehe ich, dass der König in diesem Fall selbst die Initiative ergriff. Wen aber interessiert die unbedeutende Begine aus der Provinz, die im Überschwang ihrer Gefühlsaufwallungen ein kritisches Buch über die Vernunft geschrieben hat?"

Noch immer hat Justin diesen wunden Punkt nicht verkraftet. Er fährt drohend fort:

„Kein Inquisitor wird es wagen, eine Frau zu verurteilen und sie dem öffentlichen Arm zur Hinrichtung auszuliefern, nur weil sie einige Ideen geäußert hat, die vom ungebildeten Volk möglicherweise missverstanden werden könnten! Meine Schwester Marguerite hat stets ein zurückgezogenes, unauffälliges Leben geführt und der plötzliche Erfolg des Spiegel kam für sie selbst völlig unerwartet. Sie war ihr Leben lang fromm und untadelig, bis sie begann, sich mit der Tradition der Beginen auseinander zu setzen."

Justin lässt seine Worte wirken und blickt in die Runde, dann fügt er mit einem ironischen Unterton hinzu:

„Wir wissen alle, dass die Beginen ihre angeblich spirituellen Erlebnisse überschätzen – das hat mit Häresie nichts zu tun, sondern eher mit der weiblichen Eigenart, der Gefühlswelt einen dominanten Platz einzuräumen – Frauen geben sich gerne ihren Emotionen hin und verbinden alles mit ihren körperlichen Empfindungen! Als Arzt sind mir diese Phänomene wohl bekannt!

Justin streift Anna mit einem vielsagenden Blick.

„Ich muss allerdings einräumen, dass der Spiegel ein ausgefeiltes, ein kluges Buch ist, das durchaus nicht in frömmelnde Schwärmerei ausartet, wenn auch nach meiner Auffassung die Vernunft darin nicht den Platz einnimmt, der ihr gebührt! Die Unterschätzung der Vernunft aber ist dem weiblichen Geschlecht angeboren, sie ist ein natürliches Defizit und keine ketzerische Neigung. Das weiß auch der Inquisitor von Paris, der ein gebildeter Mann ist.

Lucien beobachtet den stämmigen, fast kahlköpfigen Mann im eleganten Talar, der mit grimmiger Miene und festem Schritt den großen Raum durchmisst, fassungslos. Wie abgebrüht, wie kalt, wie unzugänglich dieser Justin das Schicksal seiner Schwester abhandelt! Keine Spur von Mitgefühl, von Bedauern, von Hilfsbereitschaft, von Erschütterung! Ein grober Klotz, ein eingebildeter Wichtigtuer!

„Wie verschieden verliefen unsere Wege!", denkt Lucien in einem Anflug von Wehmut.

Wie oft hat er, der zart besaitete, empfindsame Student den selbstsicheren, robusten Provinzler beneidet, der zielstrebig und hartnäckig seine Ziele verfolgte! Mit viel Ausdauer und Energie hat Justin die vielen Jahre des Studiums durchgestanden und alle Prüfungen mit dem goldenen Mittelmaß absolviert, bis er endlich stolz den Titel doctor medicinae führen durfte.

Er, der seit frühester Kindheit unbeschwert und sorgenfrei im Wohlstand lebte, steht mit seien stämmigen Beinen fest auf dem Boden und hat sich eine erfolgreiche Karriere als Arzt aufgebaut. Sein Vater vermittelte ihm das tiefe Vertrauen der Kaufleute in die Rationalität und kühle Berechenbarkeit der Dinge. Die Lebensphilosophie von Vater und Sohn basiert auf dem Grundsatz: Alles für den Sieg der Vernunft!

Dieser Optimismus macht ihn als Arzt äußerst erfolgreich, denn Justin ist überzeugt, dass er jede Krankheit besiegen wird, wenn er erst ihre physische Ursache entdeckt hat.

Er strahlt Selbstzufriedenheit und Stabilität aus und rechnet sich als bodenständiger Stadtphysikus mit Recht zu den angesehenen Bürgern dieser Stadt. Sein Vertrauen in die vernünftige Ordnung dieser Welt ist unerschütterlich.

Seit seiner Übersiedelung nach Paris träumt er von einem der vornehmen Stadthäuser, ausgestattet mit Fensterscheiben, Vertäfelungen, erlesenen Teppichen und wertvollen Kandelabern. Er ist entschlossen, all seine Energie einzusetzen, um sich in Paris den Luxus und die Behaglichkeit zu schaffen, die er aus seinem Elternhaus kannte. Und tatsächlich hat er es geschafft, ein Haus gehobener Ausstattung zu erwerben, in dem er mit Ehefrau und Hofstaat nun stolz residiert. Seitdem ist er korpulenter und kahlköpfiger geworden und weiß ein reichhaltiges Mahl und einen guten Tropfen sichtlich zu schätzen!

Doch diesen negativen Gedankenfluss drängt Lucien entschieden zurück. Jetzt hat er Wichtigeres zu tun. Er will versuchen, das Leben der eingekerkerten Begine zu retten und dazu benötigt er Justins Hilfe. Also schenkt er den oberflächlichen, ablenkenden Einwänden keine Beachtung und fährt mit seinem Bericht fort. Seine Stimme klingt rau und es kostet ihn Überwindung, den sachlichen Ton zu wahren.

„Wir haben erfahren, dass ein ehemaliger Pfarrer versucht hat, den im Spiegel beschriebenen Weg vor dem Inquisitionsgericht theologisch zu begründen. Im Habit eines Wanderpredigers erschien er vor dem Inquisitor und bekannte sich zu seinem göttlichen Auftrag:

Er habe in einer Vision die Weisung erhalten, den wahren Anhängern Gottes zur Seite zu stehen. Deshalb sei ihm der Schlüssel Davids verliehen worden, ein Symbol für die tiefere Erkenntnis der Wahrheit. Er erklärte sich bereit, die festgenommene Begine und ihr Buch vor dem Inquisitor zu verteidigen und bat um Gehör. Man nahm ihn fest und warf ihn in den Kerker.

Der Mann war nicht mehr jung, sein Gesundheitszustand war besorgniserregend. Er sprach über die „befreite Seele" und warf in die Waagschale, dass Marguerite wegen der Vielzahl der existierenden Kopien gar nicht in der Lage war, die weitere Verbreitung der Schrift zu verhindern. Deshalb sei die gesamte Anklage absurd. Er ertrug lange die Qualen der Inhaftierung, aber vor einigen Tagen brach er zu Tode erschöpft zusammen und legte das Geständnis ab, das der Inquisitor von ihm hören wollte. Danach wurde er zu lebenslanger Kerkerhaft begnadigt. Wir haben als Wandertrupp viele Informationsquellen und so konnten wir erfahren, dass nun auch das Urteil gegen Marguerite unmittelbar bevorsteht."

Justins Gesicht ist bei diesen Worten rot angelaufen. Peinlich genug, dass seine Schwester in den Verdacht der Ketzerei geriet und nun schon seit etwa achtzehn Monaten inhaftiert ist! Warum versucht sie nicht, ihr Leben zu retten? Welchen Sinn hat es, starrköpfig an den Inhalten eines Buches festzuhalten?

Noch immer lodert in ihm die Empörung über das unwürdige Ende seines greisen Vaters empor. Als ein Bote die Schreckensnachricht von der Festnahme seiner Tochter überbrachte, wurde der alte Mann in allen Adelshäusern der Stadt Valenciennes vorstellig. Auf den Knien flehte er die einflussreichen Kreise an, sich bei Hofe für seine Tochter einzusetzen. Doch was geschah?

Mit Hohngelächter und beißendem Spott jagte man ihn davon – wie einen räudigen Hund! Von diesem Tag an war das Gesicht des Vaters von jener charakteristischen Blässe gezeichnet, die nach Auffassung Justins ein Vorbote des Todes ist. Er verschwand in seinem Zimmer, um es nie mehr zu verlassen. Sein Sohn, der verzweifelt zur Hilfe eilte, sah die blassen, ausgemergelten Züge, die über dem Herzen gekrümmte Hand, die wässrigen, unstet umherirrenden Augen, er vernahm den rasenden Herzschlag und den stockenden Atem des alten Mannes, der keine Ähnlichkeit mehr mit dem wohlhabenden, gesunden Kaufmann hatte, der sein Vater einst war ...

„Er stirbt an gebrochenem Herzen und sie hat ihn auf dem Gewissen!" murmelt er und ballt in seiner Verzweiflung die Fäuste, wenn er allein ist. Marguerite hat das Lebenswerk des Vaters zerstört. Sie hat eine angesehene Familie dem Hohn aller Stände preisgegeben. Sie hat bedenkenlos die steile Karriere Justins gefährdet. Und wofür? Für einen Haufen Pergament! Für das sinnlose Gekritzel einer unausgefüllten, verwöhnten Jungfer, die sich in überspannte Phantastereien flüchtet und weigert, ihre Pflichten als Ehefrau und Mutter zu erfüllen. Vom Todestag Monsieur Poretes an verbot Justin seiner Familie und dem Gesinde, den Namen seiner Schwester jemals wieder zu erwähnen und es verstand sich von selbst, dass diese Vorschrift respektiert wurde, denn der Jähzorn des Hausherrn zog gnadenlose Strafgerichte nach sich.

Justin wirft sich in die Brust und blickt herausfordernd um sich. Er ist hier Hausherr! Aber dieses Lumpengesindel hat keinen Respekt gelernt, weder vor Autorität noch vor Regeln. Trotzdem wird er auch vor primitiven Komödianten die Form wahren – das ist er dem Ruf seiner Familie schuldig! Er wird ihnen keinen Anlass geben, verleumderische Gerüchte über seine Person in die Welt zu setzen, die von missgünstigen Nachbarn oder neidischen Konkurrenten schadenfroh ausgeschlachtet werden könnten.

Er lässt noch einen Moment die Stille wirken, die nur durch das surrende Geräusch der Fliegen unterbrochen wird, die unablässig gegen die unsichtbare Barriere der Fensterscheiben anstürmen. Dann nimmt er die würdevolle Pose ein, die er als junger Student des öfteren eingeübt hat, blickt seine Gäste beschwörend und leicht entrückt an und lässt in der nun folgenden Antwort das tragisch – gefühlvolle Pathos mitschwingen, das er immer dann wirkungsvoll einsetzt, wenn seine ärztliche Kunst oder der Ruf seines Hauses auf dem Prüfstein stehen.

„Selbstverständlich habe ich mich für meine Schwester eingesetzt! Man respektiert und achtet mich in der Stadt, wie euch allen bekannt sein dürfte!

Ich habe bereits einen Brief an den Inquisitor geschrieben, in dem ich darlege, dass Marguerite bei der Verbrennung ihrer Bücher in Valenciennes nicht als Ketzerin angeklagt wurde. Das Buch enthielt Irrtümer, aber seine Verfasserin wurde nie der Häresie bezichtigt. Deshalb zog man nur die zahlreichen Kopien außer Verkehr.

Bei der zweiten Anklage wurde sie aber als relapsa, als rückfällige Ketzerin behandelt, so als sei eine erste Verurteilung bereits erfolgt. Das ist aber meines Erachtens ein Irrtum, denn es handelt sich juristisch nicht um die Wiederholung eines Delikts. In Valenciennes wurde nur das Buch aus dem Verkehr gezogen, es gab aber keine Anklage gegen Marguerite als Person.

Ich habe mir in aller Bescheidenheit erlaubt, die Aufmerksamkeit des Inquisitors auf diesen logischen Widerspruch zu lenken," setzt Justin mit heroischer Miene hinzu.

„Was konnte ich mehr tun?" Er schaut herausfordernd in die Runde.

Warum unterzeichnete diese unselige, verbohrte Marguerite nicht einfach Geständnis und Widerruf? Der Inquisitor würde sie vielleicht zu lebenslänglicher Haft verurteilen wie diesen wahnsinnigen Priester, dessen Name er schon wieder vergessen hat. In einigen Jahren spräche niemand mehr über das vermaledeite Buch und er selbst würde in aller Stille und Heimlichkeit ein Gnadengesuch einreichen, um seine Schwester aus der Gefangenschaft zu befreien ... Man könnte sie zur Buße auf eine Wallfahrt schicken, am besten außer Landes ... Justin schluckt vernehmlich, denn diese großzügige Anwandlung seiner Seele rührt ihn zutiefst.

Das Lumpengesindel hüllt sich noch immer in Schweigen.

Lucien spricht seine Gedanken nicht aus. Er wechselt stattdessen einen Blick mit der Jongleurin, seiner Gefährtin, die sich in die hinterste Ecke des Raums zurückgezogen hat und scheinbar aus dem Fenster sieht. Sie sitzt dort in Gedanken versunken und hat sich bisher noch nicht an dem Gespräch beteiligt.

Hat dieser eingebildete, zur Leibesfülle neigende Kerl seine Schwester jemals verstanden?

Auf seine schwerfällige, grobe Art erdreistet er sich, das Buch als weibisches Getue abzuwerten! Er begreift noch nicht einmal, dass in sein stabiles, gesichertes Leben nun eine Katastrophe einzubrechen droht! Eitel wie ein Gockel ist er stolz auf seinen Platz in der Hierarchie und schielt voller Neid auf die Privilegien der höfischen Leibärzte, die dem Adel gleichgestellt sind. Als angestellter Stadtarzt kann er ihnen nicht das Wasser reichen!

Dafür grenzt er sich mit viereckigem Barett und Talar von den Wundärzten und Chirurgen ab, die nicht über sein akademisches Wissen verfügen, denen aber das Volk mehr Vertrauen schenkt als dem Physikus, der mit Harnglas und Buch erscheint.

Wehe, diese hungrigen Wölfe brechen in sein Aufgabengebiet ein! Justin buckelt nach oben und tritt nach unten – er ist jederzeit bereit, seinen Platz in der Hierarchie mit allen erdenklichen Mitteln zu verteidigen.

Lucien fühlt in sich den Impuls, seinem Schöpfer auf den Knien dafür zu danken, dass er nicht dieselbe Laufbahn eingeschlagen hat wie dieser einstige Freund, mit dem er früher sorglos und ausgelassen durch Paris streifte. Justin hat für seine bürgerliche Karriere den Preis bezahlt, den Lucien nie zu zahlen bereit war. Er hat seine Seele nicht verkauft. Was schert ihn der Wohlstandsplunder, was schert ihn der Standesdünkel, was scheren ihn Ruhm und Reputation, wenn er hier und jetzt mit Grauen und Widerwillen erkennen muss, dass in diesen Kreisen ambitionierter, bürgerlicher Aufsteiger das Menschenleben einer liebenswerten Frau nicht zählt.

Wie eine erstickende Wolke liegt die tödliche Stille über den Anwesenden. Anna schluchzt fassungslos auf und unterdrückt krampfhaft ihr lautloses Weinen. Die beiden ehemaligen Studienfreunde stehen sich wie erbitterte Kontrahenten gegenüber, unwiderruflich getrennt durch den Berg unausgesprochener Kritik, bitterer Gedanken und ernüchternder Desillusion. Nach einer Weile erträgt Justin den fassungslosen, feuchten Blick Luciens nicht mehr. Er lüftet verlegen seinen Kragen, hüstelt verstohlen, fächelt sich mit der Hand frische Luft ins rote, aufgedunsene Gesicht und richtet einen langen, vielsagenden Blick auf die schwere Holztüre.

„Lucien ähnelt Marguerite. Er versteht ihre Starrköpfigkeit und würde an ihrer Stelle genauso handeln. Beide gehören einem anderen Menschenschlag an. Sie bilden sich ein, über ein Wissen zu verfügen, das mir verschlossen bleibt. Zähle ich in ihren Augen zu jenen, denen der Spiegel ironisch zuruft: Ihr nehmt das Stroh und lasst das Korn! ?Bin ich in ihren Augen der primitive, grobschlächtige Kerl, der die höheren Werte nicht erkennt und der nur die materielle

Seite des Lebens sieht? Ja Lucien, ich kenne diesen Blick! So hat mich auch Marguerite oft angesehen – mit dieser Mischung aus kühler Distanz und heimlicher Verachtung!

Ihr seid Menschen, die im Wolkenkuckucksheim der Träume zu Hause sind, während wir Realisten unser Haus in dieser Welt bauen und uns den Aufgaben des Lebens stellen. Dafür müssen wir uns von euch als unbeholfene Trottel belächeln lassen! Mit welchem Recht? Haben wir das verdient?

Gehört nicht auch Marguerite zu diesen idealistischen Querköpfen, die für Abstraktionen wie Ideen, Theorien und Bücher ihr Leben riskieren? Sie beharrt auf dem göttlichen Ursprung dieses unglückseligen Buches und ist dafür sogar bereit, das Leben aufs Spiel zu setzen. Sie versteht nicht, dass es die vornehmste Pflicht des Menschen ist, dieses Geschenk Gottes zu erhalten. Wer sich für eine Idee opfert, handelt nicht vernunftgemäß!

Ein Mensch dieses Schlages leidet an einer Störung, deren physische Ursache die Medizin in naher Zukunft herausfinden wird. Ist es Wahnsinn, ist es eine Geisteskrankheit oder gar teuflische Besessenheit, wie die Inquisitoren nicht zu Unrecht meinen?

Keiner der hier Anwesenden versteht, dass dies die entscheidende Frage ist! Weder das absonderliche Mannweib, das sich in der Ecke verkrochen hat und ins Leere stiert, noch die umständliche, betuliche Begine, die nichts Besseres zu tun hat, als wegen eines Briefes nach Paris zu reisen. Das also ist deine Gefolgschaft, mein kluger, gelehrter Freund Lucien! Eine jonglierende Schmetterlingsfrau, die nicht zu wissen scheint, wie sich eine gesittete Frau zu kleiden hat, eine dümmlich heulende Matrone, die stolz darauf ist, dass sie Buchstaben unterscheiden und nachmalen kann und eine lärmende Phalanx verrückter Komödianten, denen ich zum Glück gleich zu Beginn den Zutritt zum Hause verwehrt habe. Das Volk wird wohl die Zeit nutzen, um im Übermaße dem Wein zuzusprechen! Und dieses Lumpengesindel fühlt sich mir – einem doctor medicinae – überlegen und sieht mich an – mit dem unbeschreiblichen Blick Marguerites!"

In dieser angespannten Stille steht die Jongleurin auf und ergreift ihre Habseligkeiten. Sie spricht noch immer kein einziges Wort. Mit

164

einem erleichterten Aufatmen beobachtet Justin, dass sich Anna und Lucien daraufhin ebenfalls erheben und zum Aufbruch rüsten. Das Lumpengesindel verlässt endlich sein Haus! Die Jongleurin hat die Botschaft des Stadtphysikus auch ohne Worte verstanden. Es gibt Tage, an denen sie gerne so naiv wäre wie dieser Justin mit seiner Rechthaberei, seinem Geltungsbedürfnis und seinem kindischen Vertrauen in die Vernunft. An diesen Tagen verabscheut sie die Gabe des zweiten Gesichts.

Heute ist ein solcher Tag: Sie fühlt einen bitteren Kloß in der Kehle und in ihren Augen stehen Tränen.

Sie hat vor sich das Bild der ausgemergelten, zu Tode betrübten Frau gesehen, die am ersten Juni dreizehnhundertzehn, einem schwülen Pfingstmontagmorgen, den Scheiterhaufen bestiegt.

Aber warum sah sie hinter der Hinrichtungsstätte Marguerites unzählige Rauchwolken zum Himmel steigen? Waren es hundert, tausend Scheiterhaufen oder waren es noch viel mehr?

Man entriss dem Säugling die Mutter, dem Vater die Tochter, dem Mann die Ehefrau, dem Bruder die Schwester. Das Morden erfasste die Städte, Dörfer und Gemeinden und ein herzzerreißendes Wehklagen zog über das Land.

War dies eine Zukunftsvision oder nur ein schrecklicher Traum? Die Jongleurin schlägt die Hände vors Gesicht, stöhnt verzweifelt auf und weint bitterlich.

Kapitel 14: Die Hinrichtung

Der Himmel ist grau und verhangen und die drückende Schwüle lastet schwer auf der wartenden Menschenmenge. An diesem trüben Pfingstmontag des Jahres 1310 will auf der berüchtigten Place de Greve in Paris keine Feiertagsstimmung aufkommen.

Erst vor wenigen Tagen fand die öffentliche Verbrennung der rückfälligen Templer statt und heute soll eine unbekannte Begine aus der Provinz auf dem Scheiterhaufen sterben.

Das Volk ist des Spektakels überdrüssig – bei dieser erstickenden Wetterlage, die jeden Atemzug erschwert, hat man sich widerwillig und missmutig auf dem Platz eingefunden.

Da nähert sich langsam der Karren, auf dem die Verurteilte zur Hinrichtungsstätte gefahren wird. Die Frau versucht, sich aufrecht zu halten, aber die Schwankungen des Gefährts werfen sie wie ein Lumpenbündel hin und her. Die ausgemergelte Frauensperson ist bis zur Unkenntlichkeit abgemagert. Über den unförmigen Büßerkittel fällt verfilztes, schlohweißes Haar. Sie klammert sich an den Seitenbalken des Wagens fest, um nicht von den Erschütterungen zu Boden geworfen zu werden.

Ihre entzündeten Augen tränen im ungewohnten Tageslicht, ihr Blick ist ziellos und blind.

Als der Henker das wehrlose, zerbrechliche Bündel vom Karren zieht und hastig die Stufen hinaufstößt, wird unterdrücktes Murren laut, das anschwillt, als die Frau ihr Gesicht mit den Händen bedeckt und aufschluchzt. Unter den weit überhängenden Ärmeln der groben Kutte erscheinen verkrüppelte Finger und violett gefärbte Arme.

Sie versucht, die Hände zum Gebet zu falten und erklimmt unter Aufbietung all ihrer Kräfte freiwillig die Stufen des Scheiterhaufens.

Als sie an den Pfahl gebunden wird, der aus den Reisigbündeln emporragt, hält sie die geblendeten Augen geschlossen.

Die Flamme steigt auf und von der Empore der kirchlichen und weltlichen Würdenträger erklingt machtvoll und feierlich das Te

Deum. Die Zuschauer stimmen nicht ein. Sie starren betroffen auf die dichte Rauchwolke, die das grausige Schauspiel gnädig verhüllt. Eine tiefblaue Wolkenwand hängt drohend über dem Platz.

Justin steht schweißgebadet in den hinteren Reihen. Er betrachtete die Verurteilte mit dem kühlen, distanzierten Blick des Arztes, der schwere Verletzungen ohne Bedauern oder Anteilnahme zu diagnostizieren hat. Diese Frauensperson hat keinerlei Ähnlichkeit mehr mit seiner Schwester Marguerite!

„Du hast also doch Recht behalten, Lucien!", murmelt er halblaut.

Als die ersten, schweren Regentropfen fallen, vermischen sie sich mit Justins Tränen. Er wirft einen letzten Blick auf die schwarze, alles verhüllende Rauchwolke, dann stürzt er davon.

Kapitel 15: Der göttliche Funke

Anna ist nicht nach Valenciennes zurückgekehrt.

Sie hat in der Schreibstube des Pariser Beginenhofs dieselbe konzentrierte Ruhe und Behaglichkeit geschaffen, die schon ihren früheren Arbeitsplatz kennzeichneten, deshalb scheut sie vor den Strapazen der Rückkehr zurück wie ein lahmes Pferd vor einem unüberwindlichen Hindernis.

Mit der Regelmäßigkeit eines Uhrwerks vertieft sie sich täglich in die Kopie auf ihrem Schreibpult und geht so in ihrer Arbeit auf, dass sie Raum und Zeit vergisst.

Ihre Statur ist breiter geworden und weiße Strähnen durchziehen das glatte Haar, aber noch immer hellt ein jugendlicher Blick ihre konzentrierten Gesichtszüge auf. Manchmal blitzt in den hellen Augen sogar ein neuer, ungewohnter Wagemut auf, eine schillernde Abenteuerlust, durchsetzt von einer Prise spöttischen Humors, die das biedere, behäbige Erscheinungsbild der alternden Begine unvermutet beleben. Aufatmend legt Anna den Federkiel zur Seite und betrachtet zufrieden das Geschriebene. Sie verfügt über ansehnliche Mengen des neuen Stoffes Papier, der sich leicht falten und transportieren lässt. Das Werk ist nahezu vollendet, nur der Name des Autors fehlt noch. Anna holt tief Luft, lächelt verstohlen und zeichnet mit weit ausholendem Schwung Anonymus.

Man schreibt das Jahr 1311.

Der Magister ist an die Beschwerlichkeiten des Reisens gewöhnt. Er war 1304 in Toulouse, 1307 in Straßburg, 1310 in Piacenza und nun nähert sich der Wagen dem Dominikanerkonvent in Paris.

Seine vielköpfige Anhängerschaft bewundert den Meister, der vor den zentralen Fragen seiner Zeit nicht zurückschreckt und kein Blatt vor den Mund nimmt. Er zählt nicht zu den vorsichtigen, ängstlichen Lehrern, die sich vor heiklen Themenstellungen hüten – der Mann aus Teutonia verfügt über einen klaren, unbestechlichen Geist und geht auch schwierige Probleme mit unverblümter Offenheit an.

Dabei scheut er sich nicht, auf seine Autorität zu pochen und sein unerhörtes, öffentliches Ansehen zu nutzen, besonders dann, wenn er angegriffen wird und sich verteidigen muss. Und dieser Fall tritt immer häufiger ein, denn er hat sich in den letzten Jahren verstärkt der Predigt zugewandt und sich als Meister des Wortes einen Namen gemacht. Wort hant ouch groze Kraft; man möhte wunder tuon mit worten", pflegt er zu sagen. In der Tat strömen nicht nur Mönche und Nonnen in die Gotteshäuser, wenn der Magister durch ihre Pfarrei reist – auch die Beginen und die frommen Laien zählen zum treuen Anhängerkreis des Predigers, der ihre Fragen, Anliegen und religiösen Erlebnisse vorurteilslos aufgreift und gewissenhaft beantwortet.

Was kennzeichnet den Reifungsprozess zu Gott hin?

Sind es ekstatische Wonnegefühle, Visionen, in denen das Jesuskind menschliche Gestalt annimmt, Begegnungen, in denen Jesus vom Kreuz herabsteigt, sind es die wundersamen Erscheinungen der Jungfrau Maria? Sind es die Kasteiungen, das Fasten, die Gebete, der Rückzug in die Einsamkeit der Wälder und Einöden?

Der Meister hört aufmerksam zu und steht mit Rat zur Seite.

Nein, es sind nicht die veränderten Bewusstseinszustände, nicht die Entrückungen und Verzückungen, nicht die Auditionen und Visionen, nicht die Levitationen und Ekstasen, die den Gottessucher zum göttlichen Seelengrund in sich selbst führen, wo sich Mensch und Gott begegnen und wo sie eins sind.

Im Seelengrund, im innersten Sein der Kreatur schlummert der göttliche Funke und er ist nur durch die Loslösung von weltlichen Verstrickungen zu finden. Dies ist wahre Entsagung.

Wenn der Mensch dem wahren Urbild in sich selbst begegnet, dann erschüttern ihn weltliche Leiden nicht mehr. Er bleibt in jeder Lage der göttlichen Tröstungen eingedenk, verzichtet auf Jammern und Wehklagen und zeichnet sich durch eine bejahende Haltung dem Leben gegenüber aus. Von nun an drängt es ihn nicht mehr, in unwegsame Wälder zu fliehen oder sich exzessiven religiösen Übungen zu widmen. Stattdessen löst er auf, was ihn an diese Welt bindet: Geltungssucht, Machtstreben, Sorgen um Leib und Leben, Angst vor Verlust.

Der ständig anwachsenden Frömmigkeitsbewegung, die nach neuen

Wegen und Ausdrucksformen sucht, ruft der Meister beschwörend zu: Weder harte Askese, noch der Rückzug in die Wälder, noch das Verschenken des Besitzes führen zur wahren Armut.

Arm ist der Mensch, der nicht mehr an Wollen, Wissen oder Haben haftet, der seine Orientierung an den alltäglichen Bedürfnissen des Ich aufgegeben hat und sich seinem inneren Urbild zuwendet. Diese neue Ausrichtung verändert seine Einstellung zu Besitz und Reichtum, zu Ehre und Ruhm, zu Verlangen und Anhaften.

„Wenn die Seele dahin gelangt, so verliert sie ihren Namen: Gott zieht sie so völlig an sich, dass sie selber darüber zunichte wird, wie die Sonne das Morgenrot an sich zieht, dass es zunichte werde."

Der Meister nennt diesen Zustand Abgeschiedenheit. „Bei Dir also setze den Hebel an und lerne, Dich zu lassen! Wer noch dies oder das will, der will etwas sein; Abgeschiedenheit aber will nichts sein."

Im Schein der aufgehenden Sonne rollt der Wagen durch die flache, fruchtbare Ebene und nähert sich zügig der Stadt Paris.

Wie oft war er schon in dieser Stadt, die seine zweite Heimat wurde! Als siebzehnjähriger Frater Ekhartus kam er hierher, um die Freien Künste zu studieren. Damals wurde er Zeuge der Auseinandersetzungen um die Thesen, deren Verbreitung Bischof Tempier verbot. Der blutjunge Mönch ahnte damals schon, im Jahre 1277, wie müßig dieser Streit um die Priorität von Vernunft oder Glaube ist, denn für ihn waren und sind beides gleichwertige, menschliche Seelenkräfte, die nicht voneinander zu trennen sind. Der junge Student hielt sich zurück, beobachtete, stellte Fragen, aber er mischte sich nicht ein.

Noch zweimal ist er in die Hochburg der Theologie zurückgekehrt und seitdem ist sein Name weit über die Universität hinaus bekannt. Was werden die Pariser Schüler, die mit Ungeduld die Ankunft des berühmten Meisters erwarten, zur Abgeschiedenheit sagen?

Der über fünfzigjährige Dominikaner denkt an die lebendigen, spannend geführten Diskussionen, die seine Vorlesungstätigkeit stets auslöste und lächelt erwartungsvoll. Er sieht sich schon vom Kreis seiner eifrigsten Anhänger umringt – alle vertieft in den leidenschaftlichen, engagierten Disput über die neuen Denkansätze, die Meister Eckhart nach Paris bringen wird.

Doch erwarten ihn nicht nur Beifall und Zustimmung,

Viele seiner Zeitgenossen scheinen nicht zu verstehen, was mit dem göttlichen Funken im Seelengrund gemeint ist. Es ist, als spräche er plötzlich in fremden Zungen, als sei sein perfektes Latein einigen Mitbrüdern und Zuhörern nicht mehr verständlich.

Immer wieder beteuert der Prediger, dass der ungeschaffene Seelengrund göttlicher Natur ist, aber dennoch ist der Mensch nicht Gott. Warum wollen ihn seine Kritiker missverstehen?

Verwechseln sie die äußere Wirklichkeit, das stoffliche Sein mit der Ebene des Absoluten? Setzen sie den ungeschaffenen Seelengrund mit dem empirischen Ich gleich?

Oder wollen sie in der Kreatur nur den Makel der Erbsünde und die drückende Sündenlast sehen, nicht aber das Licht der Gnade? Warum halten sie so fanatisch fest an der Dualität von Mensch und Gott? Mangelt es ihnen an Unterscheidungsvermögen oder an echter, innerer Erfahrung?

Ihnen gibt der Dominikaner offenen Herzens den Rat:

Wer diese Rede nicht versteht,

der bekümmere sein Herz nicht damit.

Denn solange der Mensch dieser Wahrheit nicht gleicht,

solange wird er diese Rede nicht verstehen.

Denn es ist eine verhüllte Wahrheit,

die da gekommen ist aus dem Herzen Gottes unmittelbar.

Stets nutzt er die langwierige Reisestrecke, um sich in Gedanken auf die neuen Gegebenheiten einzustellen, und die Anforderungen abzuwägen, die sich ihm stellen. Er fühlt sich nach der langen Phase träumerischen Dahingleitens gestärkt und erfrischt, neue Energien fließen ihm zu.

Meister Eckhart erklärt dem Kutscher den Weg zum Dominikanerkonvent St. Jacques, wo er während seines Aufenthaltes in Paris wohnen wird.

Er hat von der Begine gehört, die vor einem Jahr auf dem Scheiterhaufen starb, weil sie ein Buch veröffentlicht hat, das die Willenseinheit mit Gott und den Entwicklungsgang der Seele beschreibt.

Sicherlich wird er einen der Originaltexte aufstöbern, die beim

Prior des Hauses St. Jacques nach der Hinrichtung der Marguerite Porete abzugeben waren und er wird dieses Buch prüfen. Er hat als Beichtvater, Provinzial und Prediger schon viel über den Spiegel gehört.

Und er wird seinen Mitbewohner und Mitbruder Wilhelm, den Inquisitor von Frankreich, über die Gründe und Begleitumstände des Urteils befragen!

Nachwort

Der Spiegel der einfachen Seeelen

Die Wirkungsgeschichte des Spiegel der einfachen Seelen ist so turbulent, dass man mit Fug und Recht von einem mittelalterlichen „Bestseller" sprechen kann. Es gab neben dem altfranzösischen Original eine mittelenglische Version, kommentiert von einem Übersetzer, der sich mit den Initialen N.N. kennzeichnete. Dieser Text wurde im 15./16. Jahrhundert von dem Kartäuser Richard Methley ins Lateinische übertragen. Besonders beliebt und verbreitet war die italienische Fassung des Buchs in der Toskana und im Umkreis von Venedig. In all diesen Abschriften war der Name der Autorin in Vergessenheit geraten – erst 1946 gelang Romana Guarnieri der Nachweis, dass Marguerite Porete die Verfasserin des anonymen Werkes ist. 1987 übertrug Louise Gnädinger den altfranzösischen Text ins Deutsche.

Wie ist die erstaunliche Wirkung des Spiegel über die Jahrhunderte hinweg zu erklären?

Diese Schrift galt als spirituelles Handbuch, das die Entwicklungsstufen der Seele, die sich allmählich von weltlichen Verstrickungen löst, in humorvollen Dialogen beschreibt. Dabei durchläuft die Seele mehrere Bewusstseinszustände – im Buch als „Seinsweisen" bezeichnet – bis sich auf einer der letzten Stufen Gott, der „Fernnahe", manifestiert. Die Seele ist nach den Irrungen und Wirrungen einer langen Reise zu ihrer ursprünglichen Natur zurückgekehrt. In dieser Seinsweise erlebt sie Gott als ungeschaffene und unerschöpfliche Quelle der Güte, die sich verschenkt. Sie hat in einer visionären Schau teil am „überewigen Frieden" und im Verlauf dieser überwältigenden Erfahrung stirbt das eigene Ich ab.

Tugendwerke, Askeseübungen und äußere Frömmigkeitsbezeigungen genügen nun nicht mehr. Weder Angst vor der Hölle noch die Hoffnung auf Belohnung im Himmel bieten dieser Seele eine ausreichende Motivationsgrundlage. Gute Werke gegen böse Taten aufzurechnen ist in den Augen Marguerites ohnehin kindliches Spiel oder Sache der Krämer. Die befreite Seele gibt sich der Willenseinheit mit Gott rückhaltlos hin und erlebt, wie ihr Selbst, ihr Eigenwille, in den Wogen meditativer Betrachtung versinkt. Nun benötigt sie keine äußere, institutionelle Vermittlung mehr, um bei Gott zu sein. Sie ist in Gott und Gott ist in ihr. Die Trennung ist aufgehoben.

Dieser Prozess der Rückkehr zum ursprünglichen Sein ist der transpersonalen Psychologie heute wohl bekannt und gilt als hoch entwickelte Form spirituellen Erlebens, als Erfahrung von All-Einheit, der man sich metaphorisch zu nähern sucht:

Die Welle, die in sich die Substanz Wasser erkannt hat, findet sich in der Regenwolke, in den Ozeanen und im menschlichen Organismus wieder. So weiß sich auch das unsterbliche Selbst mit allem, was ist, verbunden und sieht sich nicht länger als isoliert, getrennt und unabhängig. Auf dieser Stufe des Bewusstseins verliert das Ich seine koordinierende und steuernde Funktion, denn die mentalen Begrenzungen von Logik und Rationalität lösen sich auf und die Grenzen der dualistischen Wahrnehmungsform werden in der Meditation durchbrochen.

Bei gründlicher und intensiver Lektüre des mehr als siebenhundertjährigen Spiegel steht außer Frage, dass ihm authentische Erfahrungen dieser Art zugrunde liegen. Doch begnügt sich die Autorin nicht mit der Beschreibung außergewöhnlicher Bewusstseinszustände – sie will darüber hinaus ihren Zeitgenossen, den Hörern des Buchs, die Einsicht vermitteln, dass ein erzwungenes, auf Furcht und Drohung basierendes Frömmigkeitsverständnis simpel, oberflächlich und lieblos bleibt, während der beschriebene Zustand den höheren Stufen der Befreiung angehört.

Wurde diese Botschaft verstanden?

Die enorme Popularität des Buchs legt die Vermutung nahe, dass diese Idee in einer Zeit wachsender Laienfrömmigkeit zahlreiche Anhänger und Anhängerinnen fand. Und zweifellos richtet sich die Schrift auch an jene Wissenschaftler der damaligen Zeit, die Wissen, empirische Erfahrung und Experiment auf ihre Fahnen schreiben und zu denen sich die junge Marguerite einst zählte. Die Geburt einer neuen Wissenschaft zeichnet sich ab – die Geburt der Philosophie.

Wird die Vernunft blinde Gläubigkeit und untertänigen Gehorsam ablösen? Mit dieser Frage sah sich die jüngere Theologengeneration konfrontiert, während der konservative Flügel auf Vorrangstellung und Autorität der Kirche beharrte und sich durch die neuartige Denkströmung in seiner Existenz bedroht fühlte.

In dieser Situation meldet sich eine einfache Begine zu Wort und verkündet selbstbewusst: „Mit der Vernunft werdet ihr Gott nie erfassen!" Sie weiß von Erfahrungen zu berichten, die sich dem plumpen Zugriffen der Vernunft glattweg entziehen, aber sie geht nicht in die Falle spöttisch belächelter Sentimentalitäten, sondern setzt sich kampfeslustig und argumentativ brillant mit dem rechthaberischen Gesellen namens Vernunft auseinander. Mit seiner ausufernden, geschwätzigen Scholastik vermag er die Theologen und sonst wie Gelehrten in seinen Bann ziehen und so beeindrucken, dass diese seine Begrenzungen nicht mehr erkennen – für Marguerite entpuppt er sich hingegen als tumber Tor, der sich so lange in Argumentationsketten verstrickt, bis er die Waffen strecken muss und dahinstirbt.

Man braucht nicht viel Phantasie, um sich die Reaktionen auf diese Kritik einer intellektuell hervorragend geschulten Frau vorzustellen!

Die Beginen

In der Vorstellungswelt des mittelalterlichen Gelehrten ist die Frau ein Wesen, dessen Vernunftdefizite wissenschaftlich nachgewiesen sind und das gänzlich seiner physischen Natur, seinen Affekten und labilen Stimmungsschwankungen ausgeliefert ist. Aufgrund seiner wankelmütigen, für negative Einflüsse empfänglichen Disposition bedarf dieses Geschöpf männlicher Anleitung, Aufsicht und Führung. Wie also kann eine Frau die überlegene, vernunftbegabte Männerwelt über die Grenzen der Vernunft belehren?

Anmaßung, Arroganz und Dünkel waren schon von jeher Merkmal der teuflischen Schlange! Dieser Hochmut ist das verhängnisvolle Erbe Evas, schreien die konservativen Theologen und sind sich mit den Pionieren der Vernunft in dem Urteil einig, dass diese Schrift einer Begine kein gefühlvoller Erguss ist, keine kindliche Schwärmerei, keine naiv-schwülstige Erbauungsliteratur, die man mit väterlichem Wohlwollen oder mit gönnerhafter Herablassung belächeln dürfte – diese Zeilen sind trotz ihres humorvollen Untertons eine ernst zu nehmende Botschaft an die geistlichen Würdenträger der Epoche.

Deren gemeinsamer Feind ist die unbeaufsichtigt lebende Frau, die autonome Begine. Sie entzieht sich der klösterlichen Disziplin. Sie verweigert ihre natürliche Pflicht, als Ehefrau und Mutter der Familie zu dienen. Sie arbeitet und bestreitet ihren Lebensunterhalt selbst. Die Gemeinschaften unabhängiger Frauen wachsen an und gewinnen einen bedeutenden Einfluss im öffentlichen Leben der Städte. Als Krankenpflegerinnen, Sterbebegleiterinnen, Näherinnen und Lehrerinnen tragen sie ihre freiwillig gewählte Tracht, legen freiwillige Gelübde ab, gehören freiwillig und widerrufbar einem Konvent an und wählen sogar ihre Sprecherinnen selbst. Sie verstecken sich nicht hinter Klostermauern, deshalb erregen sie Aufsehen und mischen sich ihrerseits aktiv ein, besonders, wenn es um religiöse Fragen geht.

Auch der Beginenhof von Valenciennes, in dem Marguerite vermutlich lebte, galt als eigener Stadtteil und umfasste mehrere Konvente, eine Schule und ein Hospital. Sicherlich stand diese bedeutende Frauensiedlung mit den großen Zentren in Flandern und Brabant in Verbindung und pflegte den Austausch über alle organisatorischen und religiösen Fragen.

Um die Jahrhundertwende konnten die Beginengemeinschaften auf eine lange Tradition der Laienfrömmigkeit zurückblicken, denn schon im zwölften Jahrhundert gab es vereinzelt religiös bewegte Frauen, die sich neben einer Kirche einmauern ließen. Diese Reklusen, zu denen die Bevölkerung scharenweise pilgerte, genossen als Heilerinnen und Beraterinnen ein beträchtliches Ansehen.

Die berühmte Begine Hadewijch baute in den dreißiger und vierziger Jahren des 13. Jahrhunderts ein nicht nur auf Flandern beschränktes Kontakt- und Informationsnetz auf. Sie teilte in ihren Rundbriefen Visionen und Eingebungen mit anderen „Eingeweihten" in ganz Europa. Diese literarisch wertvollen Zeugnisse und Prophezeiungen sind bewegende Dokumente der Frühgeschichte des Beginentums und wurden zweifellos in den Frauengemeinschaften tradiert. Vermutliche haben die Schriften Hadewijchs auch Marguerite Porete inspiriert.

Viele dieser außergewöhnlichen Frauen gerieten in geistige Grenzbereiche und stellten den Verhaltenskodex der Ständegesellschaft in Frage, indem sie die Verehelichung verweigerten und aus ihrem Elternhaus flohen. Sie fanden im Beginenhaus Zuflucht. Gemeinsam war ihnen die Suche nach dem eigenen, individuellen Weg zu Gott, der selten in den traditionellen Bahnen verlief. Deshalb wich das Wohlwollen, mit dem die Kleriker der Anfangsphase die Bewegung der Frauen noch beobachteten, in der zweiten Hälfte des dreizehnten Jahrhunderts einer feindseligen, ablehnenden Haltung. Es wurden kritische Stimmen, Spötteleien und schließlich sogar Häresieanklagen laut. Man beklagte den Hochmut und den Wissensdurst der jüngeren Beginen und hegte starke Zweifel an der Einhaltung der freiwillig abgelegten Gelübde.

Auf dem Konzil von Vienne im Jahre 1311 wurde die Auflösung des Beginenstands beschlossen, doch konnte dies in den Folgejahren nur eingeschränkt durchgesetzt werden. Neben diesem generellen Verbot verurteilte Clemens V. in der Bulle Ad nostrum acht Irrlehren der deutschen Begarden und Beginen. Diese „Glaubensirrtümer" wurden oft mit den Inhalten des Spiegel in Verbindung gebracht, obwohl sich historisch eine Korrelation nicht nachweisen lässt. Beide Dokumente bildeten die juristische Grundlage der Beginenverfolgungen im 14. und 15. Jahrhundert.

Marguerite Porete

Zwischen 1296 und 1303 wurde der Spiegel in Valenciennes als häretische Schrift verurteilt und verbrannt, obwohl Marguerite über die Approbation von drei namhaften Theologen verfügte, zu denen auch Gottfried von Fontaines zählte, ein angesehener Magister der Theologie an der Pariser Universität. Im Jahre 1307 wurde sie erneut angeklagt, diesmal als „rückfällige Ketzerin", und dem Pariser Generalinquisitor Wilhelm ausgeliefert. Wilhelm führte etwa zur gleichen Zeit die Anklage im Prozess gegen die Templer.

Sie verweigerte den vorgeschriebenen Eid und jegliche Aussage. In den anderthalb Jahren ihrer Einkerkerung war sie weder zu einem Schuldeingeständnis, noch zu einem Widerruf der Inhalte ihres Buches zu bewegen. Mit unvorstellbarer Widerstandskraft trotzte sie den unzumutbaren Haftbedingungen und den Folterqualen, bis sie im Jahre 1310 in Paris den Scheiterhaufen bestieg. Ein Jahr zuvor hatte Wilhelm 21 Magistri der Theologie zusammengerufen und ihnen einzelne Sätze aus dem Spiegel zur Beurteilung vorgelegt. Die Textauszüge waren nicht nur aus dem Zusammenhang gerissen, sie wurden auch nach dem Prinzip verba prout sonant beurteilt, das heißt, ihre mögliche Wirkung auf theologisch ungebildete Personengruppen wurde als ausschlaggebendes Kriterium herangezogen. Die Kommission verurteilte das Buch einstimmig als ketzerische Schrift. Am 31.5.1310 wurde das Urteil öffentlich verkündet und Marguerite Porete wurde einen Tag später hingerichtet.

Ihr Geburtsjahr, Herkunft und Standeszugehörigkeit werden in den Prozessakten nicht genannt, gesichert ist lediglich, dass sie als Begine im Umkreis der Stadt Valenciennes lebte.

Ob zwischen ihr und dem Priester oder Prediger Guiard de Cressonessart eine Beziehung bestand, ist ungeklärt. Er wurde kurz nach Marguerite festgenommen und rettete sein Leben durch ein Geständnis. Er wurde zu lebenslänglicher Haft verurteilt. Den Quellen zu Folge scheint er zum Anhängerkreis des südfranzösischen Franziskanerspiritualen Petrus von Olivi gehört zu haben, einem der interessantesten Denker jener Epoche. Zweifellos war der „Zeitgeist" geprägt von der Vorstellung eines bevorstehenden Geistzeitalters im Sinne des legendären Abtes Joachim von Fiore. In meiner Darstellung hat Guiard als ehemaliger Priester die Rolle des vorurteilslosen, klugen Beobachters, der angesichts der destruktiven Machtentfaltung der Inquisition unter lähmenden Angstzuständen leidet, die schließlich durch ein visionäres Erlebnis beendet werden.

Die Inquisition
Zu Zeiten Marguerite Poretes hatte sich die Inquisition konsolidiert und war mit Terrormitteln und einer ungeheuren Machtbefugnis ausgestattet. Die Inquisitoren begannen, ihre Verhörmethoden bü-

rokratisch zu systematisieren, um die vermeintliche Scheinheiligkeit des Angeklagten zu entlarven und durch psychischen und physischen Terror „ketzerische" Bestrebungen aufzudecken. Als besonders gefährliche Sekte betrachtete man die „Brüder und Schwestern des freien Geistes", die angeblich das Beginentum zu unterwandern drohten.

Von der verurteilten „Ketzerliteratur" sind fast nur noch die Verhörprotokolle vorhanden, die Dokumente der „Sieger". Der Ketzer galt den Inquisitoren schon von jeher als heuchlerischer, scheinheiliger Handlanger Satans, dem durch ein ausgeklügeltes, grausames Terrorsystem die „Wahrheit" des Teufelsbündnisses abgepresst werden musste. Die Verhörprotokolle sind in die Geschichte eingegangen, nicht aber die authentischen Zeugnisse der Opfer. Diese Quellenlage erschwert erheblich die objektive Betrachtung und fördert Legendenbildung und Projektion. Das „Überleben" des Spiegel im Schutze der Anonymität ist unter diesem Blickwinkel ein historischer Glücksfall.

Um 1200 wurde in Mailand die Sekte der Vilelmiten verurteilt, die in diese Darstellung ebenso einging wie die lange schwelende Auseinandersetzung zwischen Papst und Krone.

Die Handlung endet mit dem Jahre 1311, als der berühmte Meister Eckhart seine Lehrtätigkeit an der Pariser Sorbonne antritt. Eckhart, von dem wir inzwischen wissen, dass ihm die Schrift der Marguerite Poretes wohl bekannt war, versuchte vermutlich, die Position der Begine theologisch zu untermauern, um sie vor dem Zugriff der Inquisition zu retten. Leider war auch diesem populären Gelehrten und Prediger kein Erfolg beschieden, da die repressiven Kräfte die innere Transformation des Menschen und seine Suche nach der ursprünglichen Identität, dem wahren Ich, mit den Mitteln des Terrors bekämpften.

Eine Auswahl weiterführender Literatur:

Zu Marguerite Porete:
Margareta Porete: Der Spiegel der einfachen Seelen – Wege der Frauenmystik, Zürich und München 1987
Irene Leicht: Marguerite Porete – eine fromme Intellektuelle und die Inquisition. Freiburg 1999
Kurt Ruh: Geschichte der abendländischen Mystik, Band II. München 1993

Zur Frauenbewegung im Mittelalter:
Georges Duby/Michelle Perrot: Geschichte der Frauen – Mittelalter Frankfurt 1993
Gerda Lerner: Die Entstehung des feministischen Bewusstseins Frankfurt 1993
Luisa Muraro: Vilelmina und Mayfreda. Die Geschichte einer feministischen Häresie Freiburg 1987
Georges Duby: Heloise, Isolde und andere – Frauen im 12. Jahrhundert Frankfurt 1995

Zu den Templerprozessen:
Alain Demurger: Die Templer – Aufstieg und Untergang 1118 – 1314 München 1991

Zu Meister Eckhart:
Kurt Ruh: Meister Eckhart: Theologe, Prediger, Mystiker. München 1985

Zur transpersonalen Psychologie:
Die Schriften von Ken Wilber und:
Willigis Jäger: Die Welle ist das Meer – Mystische Spiritualität Freiburg 2000